NETFLIXの最強人事戦略

自由と責任の文化を築く

パティ・マッコード
櫻井祐子 訳

光文社

NETFLIXの最強人事戦略

――自由と責任の文化を築く

POWERFUL

Building a Culture of Freedom and Responsibility

by Patty McCord

First Published in the United States by Missionday

Japanese translation rights arrranged with Missionday

c/o Nordlyset Literary Agency, Minnesota

through Tuttle-Mori Agency, Inc., Tokyo

本書は、光文社がタトル モリ・エージェンシーを通じて

Missiondayとの契約に基づき、翻訳出版したものです。

初めて知った真のリーダー、父に捧ぐ

目次

序　章　新しい働き方
――自由と責任の文化を育む

ある日のネットフリックスの経営会議で、私たちは突然気がついた。あと9か月もすれば、アメリカの全インターネット・トラフィックの3分の1を、うちの会社が占めるようになるのだと。

当時ネットフリックスは3四半期連続で30％近い成長を続けていた。いつかＨＢＯ［アメリカ最大の衛星・ケーブルテレビ局］と規模で肩を並べるようになるだろうが、それは何年も先のことだと、このときまで誰もが思っていた。プロダクト責任者は、今のペースで成長を続けたとして、1年後にどれだけの帯域が必要になるかをざっと計算して、こういった。

「ええっと、アメリカの全トラフィックの3分の1になるね」

みんなが彼のほうを向き、声を合わせて叫んだ。「何だって？」

私は尋ねた。「それに対応する方法がわかる人、うちにいる?」

彼はうちの会社でつねに求められているように、正直にいった。「わからないよ」

私が経営陣の一員として過ごした14年の間、ネットフリックスは成長につきものの手ごわい課題をたえず突きつけられていた。会社の存続を脅かすような重大な課題もあれば、私たち自身が開発した技術やサービスに関する課題もあった。出来合いの攻略法などあるはずもなく、その場その場を切り抜けるしかなかった。私が参画した草創期から今に至るまで、ネットフリックスの事業の性質と競争環境は、驚くほどの速さでめまぐるしく変化し続けている。

ビジネスモデルにも、サービスを提供するためのテクノロジーにも、成長を実現するために必要なチームにも、たんに遅れずについていく以上のことが求められる。変化を予測し、それを迎え撃つための戦略を策定し、準備をする。まったく新しい専門分野のスター人材を採用し、チームを粛々と組み換えていく。また、いついかなる瞬間にも、計画をかなぐり捨て、まちがいを認め、新しい進路をとることのできる態勢でいなくてはならない。

ネットフリックスはみずからをたえまなくつくり替えてきた——最初はDVD宅配レンタル事業の急成長を維持しつつも、ストリーミング動画配信技術の構築に果敢にとりくみ、続いてシステムをクラウドに移行し、それからオリジナル作品の制作に着手した。

この本はネットフリックス創業の歴史をふり返る本ではない。事業環境の急激な変化に柔軟に適応できる、ハイパフォーマンス文化を育むための方法を、あらゆるレベルのチームリーダー向けに説明する本である。

たしかにネットフリックスは極端な例かもしれない。だがスタートアップから巨大ビジネスまで、どんな企業も優れた適応力を身につけなければ生きていけない。新たな市場需要を先読みし、大きなビジネスチャンスや新しいテクノロジーをものにする能力がなければ、ライバル企業にイノベーションで先を越されてしまう。私はネットフリックスをやめてから、世界中の企業にコンサルティングを行っている。ジェイ・ウォルター・トンプソンなどの有力企業をはじめ、ワービー・パーカーやハブスポット、インドのハイク・メッセンジャーのような成長著しい新興企業、創業間もないスタートアップなど、多種多様な企業にコンサルティングを提供するうちに、企業をとり巻く競争環境を、より幅広い視点からはっきりととらえられるようになった。

企業の抱える根本問題は、どれも驚くほど似通っていて、どれも早急な対応を必要とする。コンサルティングではいつも同じことを聞かれる。

「どうすればネットフリックスの魔力を身につけられるんですか？」

具体的にいうと、「どうすればネットフリックスの成功を支えてきた、あの俊敏なハイパフォーマンス文化を形成できるのか」ということだ。

それを説明するのが本書である。私たちがネットフリックスで学んだ教訓や、生み出した原則や手法を、あなた自身のチームや会社に活かす方法を教えよう。

私たちがネットフリックスでやってきたことは、すべて正しかったのか？　とんでもない。山ほどの失敗をしたし、そのうちのいくつかは広く知られるところとなった。それに私たちは挑戦に立ち向かう方法を、稲妻のようにいきなりひらめいたわけでもない。段階的に適応しながら、新しい方法を編み出していった。新しいことを試しては失敗し、また一からやり直すうちに、優れた結果を出せるようになった。やがて適応力とハイパフォーマンスを支える独自の文化をもつようになった。

もちろん、急激な変化に適応することが、どんな分野のどんな人にとっても簡単だ、などというつもりはない。だがさいわいなことに、重要な行動規範の周知を図り、それを実行するかどうかを各人の裁量に任せることで――いや、実行するよう求めることで――チームは驚くほど活性化し、積極的になることがわかった。会社がめざす方向に進む原動力として、このようなチームに勝るものはない。

この本には、ネットフリックスがどう試練に立ち向かってきたかという物語をちりばめた。その方が楽しく読めるし、私たちが開発した手法を実際に導入する方法を理解しやすいと思ったからだ。なんだか変わった本だな、と思うかもしれない——そして、常識を打破することをめざす本にぴったりのスタイルだと思ってもらえるとうれしい。

ネットフリックス文化の柱の一つは、「徹底的に正直であれ」だ。幼い頃から歯に衣着せぬテキサスで鍛えられた私も、これをモットーとしてきた。ネットにアップされた私の動画を見れば、いいたいことをはっきりいうのが私の流儀だとわかってもらえるだろう。この本でも同じやり方でいきたい。活発な議論に参加するような気もちで、この本を読んでもらいたい。私のいうことに苛立ったり反発したりすることもあるだろう。また、うん、うん、と強くうなずきながら読むこともきっとあるだろう。私はネットフリックスで白熱した議論を重ねるうちに、自由な知性の応酬ほど楽しいものはないと思うようになった。この本も楽しみながら読んでもらえればと願っている。

人にはもともと力がある。それをとり上げてはいけない

これから紹介する手法をとり入れる第一歩として、まずは常識を覆すような人材管理の考え方を受け入れてもらいたい。

私たちがネットフリックスで学んだ、今日のビジネスでの成功に関する根本的な教訓は、「20世紀に開発された複雑で面倒な人材管理手法では、21世紀の企業が直面する課題に立ち向かえるはずがない」ということだ。創業者のリード・ヘイスティングスと私たち経営陣は、これまでにない斬新な人材管理方式を考えようじゃないかと誓った。誰もがもてる力をいかんなく発揮できるようにする、そんな方法を見つけようとした。

従業員全員に、経営陣やお互いを相手に活発な議論を戦わせてほしかった。アイデアや問題について自由に発言し、同僚や経営陣に公然と反論してほしかった。

どのレベルのどの従業員であろうと、貴重な発見や疑問を胸に秘めてほしくなかった。だから経営陣がみずから模範を示した。話しかけやすい雰囲気をつくり、質問を歓迎した。従業員の前で激しい議論を交わし、マネジャー全員にもそうしてほしいと促した。リード

は経営陣の公開討論まで企画した。また会社がどんな課題を抱えていて、どうやって対処するつもりかを、正直にかつ継続的に知らせた。変化が常態だということ、すばやく前進するために必要とあれば、計画や人員をいくらでも変更するつもりでいることを、全員に理解してほしかった。

変化が必要だということを受け入れ、みずから変化を起こすことにスリルを感じてほしかった。破壊的変化の荒波のなかで最も成功できる組織とは、すべてのチームのすべてのメンバーが、「この先何が起こるかはわからず、何もかもが変化している」と考え、それに心を躍らせるような組織だと、私たちは考えるようになった。

そんな会社をつくるために、私たちはチームワークと斬新な問題解決を促す文化にこだわった。毎日職場にわくわくしながら――難しい課題が「あるにもかかわらず」ではなく、「あるからこそ」胸を躍らせながら――来てほしかった。ネットフリックスでは肝を冷やすようなできごとが何度もあった。未知の世界に目をつぶって飛び込むこともあったし、本当におっかない思いもした。でもそれは血湧き肉躍る経験でもあったのだ。

ネットフリックスの文化は、複雑な人材管理方式を通して形成されたのではない。むしろ、その正反対だ。人材管理の手法や方針を次々と廃止していったのだ。破壊的変化のペースが加速するなか、製品開発の手法が時代遅れになり、敏捷で無駄のない顧客中心主義の手法が必要とされるようになったのと同様、従来型のチーム構築や人材管理の手法では時代に対応できなくなっている。企業が人材をよりよく活かすための努力を怠っているとはいわない。そうした努力のほとんどが的外れか、逆効果だといいたいのだ。

多くの企業がいまだにトップダウンの指揮統制方式にしがみつきながら、「従業員エンゲージメント」を高め「エンパワメント」を促すための施策でうわべを飾り立てている。言葉倒れの「ベストプラクティス」がまかり通っている。たとえば人事考課連動型のボーナスと給与、最近流行りの生涯学習のような仰々しい人事施策、仲間意識を育むための楽しい催し、業績不振の従業員に対する業績改善計画（ＰＩＰ）など。こういうことをすれば従業員の力を引き出し（エンパワメント）、やる気を促し（エンゲージメント）、仕事に対する満足度と幸福度を高めることができ、それが高い業績につながるという思い込みがあるのだ。

私自身、そう信じていた時代があった。私はサン・マイクロシステムズと、続いてボーランドで人事のキャリアを開始し、ありとあらゆる従来型の手法を実施していた。魅惑的なボーナスを導入し、うんざりするような人事考課の季節には部下の人事部員たちにハッッパをかけ、業績改善計画のやり方をマネジャーたちに指導した。サンで多様性プログラムを運営していたときは、10万ドルかけてシンコ・デ・マヨ・パーティー［メキシコのお祭り］を主催したこともある。

でもそのうちにわかってきた。こうした施策や制度は、どれもお金と時間が無駄にかかるうえ、本来の業務の妨げになるのだ。さらに悪いことに、それらは人間に関する誤った考えを前提としている。つまり、人が仕事に全力を尽くすためには、インセンティブを与えられ、何をするかを指示されなくてはならない、という考えだ。皮肉なことに、この前提をもとに考案された「ベストプラクティス」は、かえってやる気と力を削ぐ結果になっている。

たしかに、やる気の高い従業員は業績も高いのだろう。だが問題は、最終目標が顧客サービスの向上ではなく、やる気を高めることそれ自体になりがちなことだ。それに、「人がどうやって、なぜ仕事に打ち込むか」に関する一般通念からは、仕事へのやる気を駆り立てる原動力の理解が抜け落ちている。

そしてエンパワメントに関していえば、私はこの言葉が大嫌いだ。よかれと思ってやっているのだろうが、そもそもエンパワメントがこんなに注目されるのは、今行われている人材管理の手法が従業員から力を奪っているからにほかならない。力をとり上げることを狙っているわけではないが、やたらと介入しすぎる結果、従業員を骨抜きにしている。

私は血気盛んなスタートアップの世界に足を踏み入れてから、人にもともと力があることを、以前とはちがう視点から深く理解するようになった。従業員に力を与えるのではなく、あなたたちはもう力をもっているのだと思い出させ、力を存分に発揮できる環境を整えるのが、会社の務めだ。そうすれば、彼らは放っておいてもめざましい仕事をしてくれる。

人の力を解き放て

ネットフリックスで私たちが開発した新しい人材管理手法をこれから紹介するが、まずは今日の人材管理の大前提に異議を唱えたい。すなわち、従業員の忠誠心を高め、会社につなぎ止め、キャリアを伸ばし、やる気と満足度を上げるための制度を導入することが、人材管理の仕事だとする考えである。そのすべてがまちがっている。そんなものは経営陣の仕事でも何でもない。

代わりに、ラディカルな提言をさせてほしい。ビジネスリーダーの役割は、すばらしい仕事を期限内にやり遂げる、優れたチームをつくることである。それだけ。これが経営陣のやるべきことだ。

ネットフリックスでは、時代にそぐわない方針や手順のほとんどを廃止した。一気にすべてを廃止したのではなく、数年かけて実験を重ねながら一歩ずつ行った。業務革新を進めるのと同じ方法で、文化の形成にとりくんだ。これほど抜本的な改革を断行できる企業ばかりでないことはわかっている。それにすべてのチームリーダーが、現行の方針や手順を廃止する裁量を与えられているわけでもないだろう。だがネットフリックスの柔軟性を支える手法を、社内に定着させるために私たちが用いた施策をとり入れることなら、どんな企業のどんなマネジャーにもできるはずだ。

自由と責任の規律

既存の方針や手順を破棄し、従業員の主体性を尊重しても、やりたい放題の風潮を生むことにはならない。私たちはお役所的な決まりごとを廃止しながら、どんなチームのどんな人も、基本的な行動指針をしっかり守るように指導した。
「方針」や「手順」という言葉は今後一切使わない、でも規律は大好きよ、というのが私の口癖だった。私はキャリアを通じてエンジニアたちとずっと仲よくやってきた。エンジニアはとても規律正しい人たちだ。私が導入しようとする施策にエンジニアから不満の声が上がるときは、何が彼らを悩ませているかをはっきり突き止めなくてはならない。彼らは無意味な手続きやばかげた施策を忌み嫌う。だがそんな彼らも、規律は一向に気にしないのだ。

チームの文化であれ全社的な文化であれ、文化を抜本的に変えようとするときに理解しておきたい大切なことがある。それは、たんに理念や業務方針を示すだけでは不十分だということだ。

まず従業員に一貫してとってほしい行動をはっきりと打ち出し、続いてそれを実行するための規律を定着させる必要がある。

ネットフリックスでは、規律をもって実践してほしいと経営陣が思う行動を、全員にあますところなく繰り返し伝えた。まずマネジャー全員から始めた。会社の哲学と経営陣が実践してほしいと望む行動を、一人残らずすべての人に理解してもらいたいとの強い思いから、リードはそれを説明するためのパワーポイント資料をつくり始め、私とほかの経営陣が一緒に完成させた。これが、ネットフリックスの「カルチャーデック」（略してデック）という名で知られるようになった資料だ［Deckは甲板の意味。甲板にすべてを並べるように全項目を列挙した資料］。読んでくれた人も多いだろう。

リードが何年か前にそれをオンラインで公開したところ［https://www.slideshare.net/reed2001/culture-1798664］、あっという間にクチコミで広まり、これまでに１５００万回以上も閲覧されている。

こんなに話題になるなんて予想もしなかった。一般向けにつくったものではなく、ネットフリックスの文化を新入社員に教え、どんな行動が求められているかを明確に説明するための社内資料なのだから。

またこの資料は経営陣が従業員に求める行動であるとともに、従業員が経営陣に求めるべき行動でもあることを、はっきり説明した。カルチャーデックは一度に作成されたわけでもないし、リードと私の２人だけで作成したわけでもない。それは、経営陣全員が社内リーダーの助けを借りて、文化を形成するうちに気づいたことを書き留めたもので、命をもち、呼吸をし、成長し、変わり続けている。

この本はデックと合わせて読むと、より一層理解が深まるだろう。実際、講演やコンサルティングを行うたびに、デックの内容や、それを実行に移す方法について質問が殺到することが、この本を書いたきっかけの一つなのだ。

私はじっくり考え、デックの原則や行動指針をチームに定着させる方法について、自分なりに学んだことをまとめた。ネットフリックスがとり入れ、デックで説明した具体的な手法を、すべてのチームや企業にそのままあてはめることはできない。ネットフリックス社内でさえ、文化は部署によって多くの点で異なる。たとえばマーケティング部門は、エンジニアの集団とはかなりちがう方法で運営されている。それでも企業文化を支える基本的な行動規範が存在する。

- ●マネジャーは自分のチームだけでなく会社全体がとりくむべき仕事と課題を、チームメンバーにオープンにはっきりと継続的に伝える。
- ●徹底的に正直になる。同僚や上司、経営陣に対して、時機を逃さず、できれば面と向かって、ありのままを話す。
- ●事実に基づくしっかりした意見をもち、徹底的に議論し検証する。

●自分の正しさを証明するためではなく、顧客と会社を第一に考えて行動する。
●採用に関わるマネジャーは、チームが将来成功できるように、適正なスキルを備えたハイパフォーマーをすべてのポストに確実に配置する。

経営トップを含むすべてのマネジャーに、これら行動方針の模範になってほしいと求めた。彼らは自分のチームの手本となり、そうすることによって文化を具体的に実行に移す方法を示すことができた。

こうした要求事項に沿ってチームに行動してもらうなんてとても無理だ、とあなたは思うかもしれない。実際、この本を書くためにネットフリックスの現役・元社員に話を聞いてみると、最初はいくつかの手法に抵抗があったという人が多かった。たとえば、面と向かって正直な意見をいうのは気が進まなかったという人がいた。それでも勇気を奮い起こしてやってみると、部下がすぐにやり方をとり入れ、チームの業績が劇的に改善したそうだ。

大切なのは、段階的に進めることだ。小さな一歩から始め、どんどん続けよう。自分のグループや課題に合いそうな手法を選び、それを踏み台にするといい。経営陣の場合は、最もやりやすい、または最も変化を必要としている部署やグループから始める。文化の創造は、積み重ねのプロセスだ。実験を通した発見の旅のようなものと思ってほしい。私たちもネットフリックスでの文化形成をそんなふうに考えていた。どのステップから始めてもかまわない。とにかく始めることが肝心だ。めまぐるしく変化する今日のビジネスでは、何事も「思い立ったが吉日」なのだから。

第1章　成功に貢献することが最大のモチベーション

——従業員を大人として扱う

優れたチームとは、これからどこに向かおうとしているかをメンバー全員が知っていて、どんなことをしてでもそこに到達しようとするチームのことだ。優れたチームをつくるのは、インセンティブや管理手法や従業員特典などではない。必要なのは、一人前の大人として挑戦に立ち向かうことを切望する有能な人材を採用し、その挑戦が何なのかを、彼らにはっきりと継続的に伝えることだ。

従業員の生産性を上げるには、まずインセンティブによって動機づけを行い、それからきっちり管理して責任ある行動をとらせることだという考えが、最近の人材管理の主流になっている。ほとんどの企業が部署の目標、チームの目標、個人の目標を設定し、人事考課で業績を目標と照らし合わせて評価を行っている。このしくみや流れ自体は、じつに論理的で合理的だ。ただ、今の時代にはまったくそぐわなくなっている。「XをしたらYの報酬が得られる」と従業員に伝えるのは、ものごとが不変だという前提に立っている。しかし今日のビジネスに不変のものなどない。より根本的な問題として、報酬にも効果はあるが、問題解決に貢献すること以上に報われることはない。

私は目標が大好きだ。目標には何の恨みもない。まちがっているのは、従業員に目標を達成させるための一般的な管理手法だ。たいていの場合、期限が不適切で、チームの運営や結果を管理するしくみが複雑すぎることが、目標の達成を必要以上に難しくしている。

優れたチームは嬉々として挑戦に立ち向かう

私はスタートアップ企業にもコンサルティングを行っているが、一番わくわくするのは、ベンチャー資金が枯渇し始め、手ごわい問題が降りかかってきた段階の企業と仕事をするときだ。真に優れたチームをつくるのは、そういう課題にとりくんだ経験なのだ。

つらいとき、深くものごとを考えるときに、優れたチームができる。私は人を採用するとき、会社が解決を迫られている問題に胸を躍らせながらとりくむような人材を探すことにしている。朝目覚めたとき、「さあ大変だ、頑張るぞ！」と思える人だ。夢中になれる課題を与えられ、有能な同僚と一緒にそれにとりくむことが、何よりのインセンティブになる。「問題を見つけたからって何さ」というのが私の持論だ。ほとんどの人は、問題を見つけることが会社の最重要の仕事だと勘ちがいしている。「俺があの問題を見つけたんだ！」。あらそう、おめでとう。で、あなたが解決したの？　必要なのは、問題解決が好きでたまらない人材だ。

ワービー・パーカー［自宅で試着できるオンラインメガネブランド］の共同創業者、ニール・ブルメンタールとデイブ・ギルボアの2人は、実店舗の立ち上げがとても大変な今、会社づくりが楽しくて仕方がないと話してくれた。実店舗とオンラインショップの経験を結びつけることは、とても手ごわい課題なのだ。彼らのブランドがあんなに成功しているのもうなずける。すでに達成した成長の軌道をなぞるだけのリーダーが多いなか、彼らはさらに困難な問題にぶつかることを楽しみにしているのだから。

誰かとても成功している人に聞いてみるといい。今までのキャリアで一番楽しかったのはいつですか、と。きっと苦労した駆け出し時代のことや、とくに大変な問題を乗り越えたときのことを話してくれるだろう。

ネットフリックスのプロダクトイノベーション担当副社長だったトム・ウィルラーと、こういう話をして大いに盛り上がった。トムはネットフリックスをやめて、画期的なオンライン教育サービス、コーセラの最高プロダクト責任者に就任した。コーセラの立ち上げを手伝ったとき、何が一番楽しかったのと聞くと、彼はパッと顔を輝かせて、絶対無理だと思われていたことをチームで成し遂げたときの思い出を語り始めた。

年度初めにコーセラの経営陣は、収益を年度末までに倍増すると決めた。トムの率いるプロダクトチームは、この目標を達成するために、9月までに50の新しいコースを開講することを決定した。このとりくみは、アメフトの「起死回生の一投《ヘイルメアリー・パス》」のようなものだったと彼はいう。新しいコースの発表まであと2週間になっても、まだ達成できるかどうかわからなかった。だが彼らは成し遂げ、戦略は大あたりして、収益はホッケーのスティックのように急上昇した。

トムは5年後に存在しているかどうかもわからない会社に入った理由を、「ただただ山に登りたかったから」だという。

「こんなことをやったら大ケガするぞ、と思うこともある。それでもやる価値があるのは、重要なことをして世界に貢献していると思えるからだ。その確信が原動力になる」

まったく同感だ。誰もがそういう思いで仕事にのぞみたいと切望している。そんな機会を従業員に与えるような会社をつくりたい――私がネットフリックスに入ったのは、そう思ったからだ。もうスタートアップはごめんだと、心に誓ったはずなのに。

1997年の午前2時に電話が鳴ったとき、相手はリード・ヘイスティングスにきまってると思った。朝の2時に電話をかけてくる人なんて、彼しかいない。

「寝てた?」

「あたりまえでしょ、私はまともな人間なのよ。何か用?」

リードは眠いからといって、よいアイデアを放っておくような人間ではない。彼が創業したスタートアップ、ピュア・ソフトウェアで一緒に働いていたときも、名案を思いついたといっては夜中に話してくれたものだ。彼はピュアを売却してから大学に戻り、私はコンサルティングの仕事を始めた。同じ町に住んでいたから、しょっちゅう連絡はとり合っていた。

彼がピュアの同僚と起業するつもりだというので、私はいった。「それはいいキャリアアップになるわね。でも、それを朝2時に私に教えてどうするの?」

すると彼は、君も来てくれないかという。「冗談じゃない」と私ははねつけた。ピュアで過ごした時間は本当に楽しかったが、あのジェットコースターのようなクレイジーな生活や、常軌を逸した長時間労働はもうたくさんだった。それに、DVDを宅配レンタルするちっぽけな会社が成功するとは思えなかった。そんな会社がブロックバスター〔当時アメリカ最大手だったレンタルDVDチェーン〕を駆逐するだなんて、まさか本気じゃないでしょう?

するとリードはいったのだ。「僕らが本当に働きたいと思えるような会社をつくれたらいいと思わない?」

この言葉に興味をそそられた。私がピュアに参画したのは、人事制度が敷かれたあとだった。今回は構想段階から参加できるという考えに惹かれた。私は聞いた。

「もしそれをやったとして、最高の会社ができたかどうかを、どうやって判断するの?」

「そうだな、この会社の問題をこの会社の同僚と解決したいと思いながら、毎日会社に来たくなる」と彼は答えた。

その考え方が気に入った。リードはこのひと言で、人が仕事に何を求めるかをズバリ表した。それは、職場にやってきて適正な人材がそろったチームと――信頼し尊敬する同僚たちと――力を合わせ、一心不乱にすばらしい仕事ができることだ。

迅速でなければ、思いがけないニーズやチャンスに対応できない

過去10年間に最も成功した企業の顔ぶれを見ると、有機的に連携するチームからなる、インターネット関連企業が多い。

「有機的に」とはどういうことか？　会社の目標や、時間と資源の配分方法、集中してとりくむ問題、それらを解決する手法を、事業や顧客の必要に合わせてたえず変化させているということだ。そうした企業は成長し、変化し続ける有機体であって、あらかじめ決められた目標、人員、予算に縛られた、硬直的な組織ではない。

私はネットフリックスの前は、リードが起業したピュア・ソフトウェアで働いていた。私にとっては初めてのスタートアップでの仕事で、天にも昇る気もちだった。同僚たちの熱量の高さとイノベーションへの強烈なこだわりに魅了された。当時は人事責任者としていろいろな方針や制度を実施していたが、やがて人事の常識に疑問をもち始めた。ピュアはそれまで私が勤務していた企業よりずっと小規模だったから、事業の本質を学び、従業

員の多くと知り合うことができた。とくにソフトウェアエンジニアと親しくなり、彼らの仕事ぶりを観察するうちに、気がついた。人数が多いほどよいものがつくれる、という考えはまちがっている。ピュアやシリコンバレーのチームは、自由で独立した少人数のチームのもつ力を見せつけていた。

事業が成長すれば、それに応じて人員を増やし、組織を拡張し、固定的な予算目標や制約を課すのが一般的だ。しかし急成長を遂げながら規模拡大に成功した企業で働いた経験からいえば、できる限り無駄のないプロセスと規律正しい文化をもつ企業の方が、はるかに優れた成果を出せる。それは、迅速に動けるからにほかならない。

のちにネットフリックスで、私たちはまるで啓示のようにこのことを思い知らされた。それは苦痛に満ちた大量解雇を経験したときのことだった。2001年に全従業員の約3分の1を解雇する必要が生じた。ドットコム・バブルがはじけ、それとともに景気が落ち込み、会社はあわや倒産かという危機に陥ったのだ。あれは苛酷な状況だった。しかしその後DVDプレーヤーの価格が下がり、その年のクリスマスに奇しくもDVDプレーヤーを贈ることがブームになると、事業は軌道に乗り始めた。人員は3分の2に減ったのに、仕事量は2倍に増えた。新しく雇えるのはDVDを封筒に詰める人員だけ。会員が増えすぎてＤＶＤの在庫が追いつかず、わずかな利益はＤＶＤの購入に消えていった。

だがそんな状況なのに、みんなが前よりずっとハッピーだったのだ。ある日リードと〔経費節減のため〕車を相乗りして会社に向かっていたとき、聞いてみた。

「どうしてこんなに楽しいの？　毎朝職場に行くのが待ちきれないほどよ。夜になっても家に帰りたくない。みんなあんなに大変なのに楽しそう。いったい何が起こっているのかしら？」

「よし考えてみよう」彼は答えた。

このとき私たちは最初の重要な気づきを得る。それは、最高の結果を出せる人だけが会社に残っていたということだ。したがって経営陣が従業員のためにできる最善のことは、一緒に働く同僚にハイパフォーマーだけを採用することだと学んだ。これはテーブルサッカーの台を設置したり、無料で寿司を提供したり、莫大な契約ボーナスやストックオプションを与えたりするよりずっと優れた従業員特典だ。優秀な同僚と、明確な目的意識、達成すべき成果の周知徹底――この組み合わせが、パワフルな組織の秘訣である。

光明が見えた

リードと私たち経営陣は、会社が急拡大するなかで、チームの創造性とめざましいパフォーマンスを保つ方法を見つけようと誓った。人員をすばやく採用し、なおかつ並外れて高い人材濃度を維持する必要がある。ネットフリックスがあれほどの経営不振を巧みに切り抜けられたのも、優秀な人材の割合が高かったからだ。

従業員に自由裁量を与えて最高の仕事をさせながら、適度な指導とフィードバックを通じてチームを正しい軌道に向かわせ、必要とあらば大きく舵を切るにはどうすればよいか。その方法を、私たちは体系的に模索し始めた。

高業績を生むイノベーションを駆り立てる原動力について私が多くの重要な気づきを得たのは、この頃だった。私は経営陣の一員として、このとき初めて製品開発に直接関わった。製品といっても、ピュアのソフトウェアのような複雑なハイテク製品ではない。ネットフリックスはエンタテインメント企業で、私は大の映画ファンだ。それに、エンジニアいじりをするときにいつもいうことだが、私はまともな人間で、お客さまでもある。

私はネットフリックスの製品開発方法のとりこになった。ネットフリックスではA／Bテストや実験による徹底検証と、製品向上のためのオープンな議論が好まれた。製品開発では、何かがうまくいかないとわかったら、それを排除する。同じ方針を人材管理にも適用できるのではないかと、私たちは考えた。

大きくなったチームからイノベーションを起こす能力や機動力が損なわれる理由の一つは、チームの運営が大変になり、従業員に適切な行動をとらせるための制度や方針を設けるからだ。

だが私の見る限り、優れた仕事を成し遂げるチームには、目標達成のために何をすべきかがちゃんとわかっていた。彼らには複雑な手順も、もちろんインセンティブも必要なかった。とびきり優秀なエンジニアだけをそろえた小さなチームの方が、仕事熱心なエンジニアの大きなチームよりもよい仕事をすると、技術者は口をそろえていう。

そこで私は考えるようになった。「それってエンジニアだけなの？　エンジニアはかしこいから特別？」その頃私はエンジニアと仲よくやりながらも、彼らだけがかしこい人たちとして特別扱いされるのにはうんざりしていた。どんな部署の人も、最高の結果を最短の時間で出すノウハウをもっていて、好きなやり方で自由にプロジェクトにとりくむことを切望しているはずだ。だが経営陣の余計な手出しや非効率な制度に阻まれて、そうできないことが多い。もしもマーケティングやファイナンスの担当者、それに人事部の私の部下たちが、思うままに能力を発揮することを許されたらどうだろう？　きっと高業績を挙げているエンジニアのチームに負けない仕事をするだろう。ふり返ってみれば、私が伝統的な人事制度に背を向け、最高企業文化責任者と最高人事責任者という新しい役割に本気で飛び込んだのは、このときだった。

私は組織の構造やあり方を徹底的に見直し始めた。このときすでに部署は設置されていたが、迅速な意思決定のためにできるだけフラットな組織構造にしようということで、リードと私は一致した。あの大規模な人員整理で中間管理職をごっそり解雇して以来、いちいち意見を聞き承認を得ずにすんでいるせいで、全員が前よりずっと速く行動していた。そこで、社内の方針や制度を廃止していけば、さらにすばやく動き、さらに多くの仕事を成し遂げられるのではないかと考えた。製品を分析するのと同じ方法で、すべての常識、すべてのベストプラクティスを見直した。

リードが何かを廃止しようと提案すると、あまりに非常識に思われ、ひと晩考えさせてということも多かった。それでも何かを試すたび、よい結果が得られた。たとえば、メディアにも大々的にとり上げられた、有給休暇制度の廃止を考えてみよう。従業員には、「妥当だと思うだけの休暇をとり、適宜上司と相談してほしい」とだけ伝えた。さてどうなったか？　彼らは前と変わらず、夏期とホリデーシーズンに1、2週間ずつ休暇をとり、子どものスポーツの試合のためにちょこちょこ休みを入れた。従業員を信頼し、自分で責任をもって時間を管理させることは、彼らに力をとり戻させるために私たちがとった初期の施策の一つだった。

それに、慣習を捨て去るのは痛快だった。

全従業員に向かってこう宣言したときが、とくに楽しかった。「これから経費規定を廃止します。旅費規定も廃止します。適切に判断して会社のお金を使って下さい。もしも弁護士のいう通りまずいことになるようなら、もとの方式に戻します」。このときも、従業員は自由を乱用することはなかった。従業員を大人として扱うとよい成果が得られること、また従業員もそれを望んでいることがわかった。

人材採用の慣行も見直し始めた。

会社がとんでもないペースで成長し、事業環境がめまぐるしく変化するなか——ストリーミング配信の時代はすぐそこに迫っていた——自前の強力な人材パイプラインをもつことが欠かせなかった。当時はマネジャーを採用するとき、外部のヘッドハンターを使っていたが、それを変える必要があった。もっと戦略的にならなくてはならない。シリコンバレーの有力ヘッドハンター5社と独占契約を結んでもよかったのだが、従来型の人材採用方式を破棄して、自前のヘッドハンティング能力を構築することにした。他社で人事を担当していた人材を採用する代わりに、ヘッドハンティング会社から人材を引き抜いて、社内に採用機能を構築した。この能力があるからこそ、「2人解雇しても大丈夫、すぐに優秀な新しい人材を採用できるから」とマネジャーを安心させることができた。

また会社全体やチームの戦略を立案する際の一般的な慣行も見直した。それまでは毎年ロードマップを作成し、予算を策定していたが、時間がかかりすぎていたし、その通りになったためしがなく、労力をかける意味が見出せなかった。正直いうと、いつもそれらしいものをこしらえていただけだった。どんなに精緻な予測を立てても6か月後、ひどいときは3か月後には必ず外れる。そんなわけで年次計画の策定をすっかりやめ、その分浮いた時間で四半期の計画を立てた。また予測を立てられる最長期間を3四半期と見て、3四半期にわたる継続予算を編成した。

チームを無駄なルールや承認手続きから解放するために、あらゆる方法を片っ端から試した。何がうまくいっているのか、どうすれば従業員の創造性と生産性を解き放ち、満足させられるかを系統的に分析し続け、そのうちにこうした新しい働き方を「自由と責任の文化」と呼ぶようになった。私たちはこの文化を形成するのに何年も費やし、今も進化は続いている。文化をつくるそのほかの要素についても、これからの章で説明していこう。

これらすべての根底には、「優れたチームづくりに本気でとりくむことが、経営陣の一番重要な仕事だ」という認識がある。会社に必要な優れた人材を採用し、目標を達成するために必要なツールや情報を提供すれば、彼らは喜んで輝かしい成果を挙げ、組織の柔軟性を保ってくれるだろう。

このアプローチの有効性を証明するごく最近のできごととして、ネットフリックスは驚くほどの速さでオリジナル作品を増やし、視聴者と批評家から高い評価を得ている。創業初期から最高コンテンツ責任者を務めるテッド・サランドスによると、オリジナルコンテンツ事業をこれほど急速に構築できているのは、ハイパフォーマーを制約から解放したことが大きいそうだ。チームは新しいコンテンツの制作本数を毎年倍々に増やしていて、彼に話を聞いた時点ですでに30本のドラマ番組と12本の映画、55本のドキュメンタリー作品、51本のスタンドアップコメディ番組、45本の子ども向け番組を制作していた。そのうえチームは海外進出を果たしたばかりで、それも13か国に一気に進出した。そしてこれだけのコンテンツを制作した速さもさることながら、その多様性にも目を見張るものがある。テッドのチームは誰もが楽しめるように、『ザ・クラウン』のような知的エンタテインメントから、批評家には酷評されたが大衆ウケのよい『フラーハウス』までの多様な作品を提供している。おまけに6か国から集結した、言葉もちがう挑戦者たちが障害物に挑む、『アルティメット・ビーストマスター』のようなバラエティ番組の制作にまで参入しているのだ。

テッドのとっている主な手法は、実行力を備えた最高のクリエイティブ人材を探し出し、彼らにビジョンを実現する自由を与えることだという。これがハリウッドの映画会社との最大の差別化要因になって、最高のクリエイターをめぐる競争で優位に立ち、あのような画期的な番組を発表することができているのだ。クリエーターたちは、テッドらが制作プロセスにあれこれ口を出したり、メモの山をよこしたりしないのを喜んでいる。

またテッドのチームは、従来型のパイロット版を制作する代わりに、1シーズンの全エピソードを制作する許可をクリエーターに出している。実績のある人材を信頼して自由裁量を与え、それとひきかえに番組の質に関する責任が彼らにあることを理解させる。彼らは見事に期待に応えている。これに比べてハリウッドの伝統的な委員会方式は、説明責任が広く分散されすぎている。

またテッドはネットフリックス文化を完全に受け入れたからこそ、チームをためらわずに制約から解き放てるようになったという。たとえば彼らはみずから課した番組の制作ルールを、3本目のオリジナル番組の制作時に覆してしまった。チームはパイロット版をつくらない代わりに、すでにしっかりした脚本があり、キャスティングの目処が立っているシリーズだけを制作するというルールを定めていた。だがテレビドラマ『WEEDS～ママの秘密』のクリエーター、ジェンジ・コーハンが、脚本を書いてもいない段階で『オレンジ・イズ・ニュー・ブラック～塀の中の彼女たち』の企画を提案した。テッドとチームは、彼女の構想にいたく感銘を受け、また『WEEDS』での実績を通して彼女に厚い信頼を寄せていたため、賢明にもルールをほっぽり出して制作を依頼したのだった。

考えてみてほしい。もしあなたが製品開発と同じように、人材開発でも実験と検証を繰り返しながら理想の方法を追求するとしたら、人事のあり方そのものを変えたくならないだろうか？　ベストプラクティスをそのまま踏襲する代わりに、「顧客に最高の最終製品を届けるには何が必要か？」を出発点にするなら、どんなやり方が望ましいだろう？　従業員全員がもっと俊敏に動けたらいいと思わないか？　率先して舵とりをしなくてはならないことを彼らが自覚し、みずから最先端を切り拓いてくれたらいいと思わないか？　あなたも書類の処理や承認や監視に忙殺されるより、彼らに必要な資源と情報を与え、問題について話し合い、優れた意見や反論を引き出すことに時間と関心を向けたいと思わないか？

チームに方針を指示したり指導したりする必要がないとはいわない。もちろん必要だ。たんに、現状では彼らがとても最適とはいえない方法で指示や指導を与えられることが多いといいたいのだ。ネットフリックスではさまざまなプロセスを実験的に廃止しつつ、会社の方向性やめざしている目標、従業員の仕事ぶりについてコミュニケーションをとる方法についても試行錯誤を重ねた。

まとめ

▼チームが最高の成果を挙げられるのは、メンバー全員が最終目標を理解し、その目標に到達するために、思うままに創造性を発揮して問題解決にとりくめるときだ。

▼チームのやる気を最大に高めるのは、優れたチームメンバーが、つまり、ともに切磋琢磨しながらすばらしい仕事ができるメンバーがそろっていることだ。

▼経営者の最も重要な仕事は、ともに切磋琢磨しながらすばらしい仕事ができるハイパフォーマーだけをチームにとりそろえることだ。

▼無駄な方針、手順、ルール、承認をできる限り排除しよう。トップダウンの指揮統制方式はスピードと機動性の妨げになる。

▼たえず実験を繰り返し、できる限り無駄をそぎ落とそう。方針や手順を廃止したあとで必要とわかったら、元に戻せばいい。製品やサービスの改善に努めるのと同様、文化にもたえず磨きをかけよう。

考えよう

●全社的な方針や制度を見直す際には、「この方針や手順の目的は何か?」「その目的を達成しているか?」を考えよう。

●廃止できる承認手続きはないか?

●経営陣は問題解決とチームづくりにどれくらいの時間を割いているか?

●従業員特典やインセンティブの費用対効果を分析しているか？

●予算の承認・許可プロセスを廃止し、代わりに経費の支出傾向を分析することによって、予算の精度と予測性を高められないか？

●経営陣の意思決定方式は明確で、その内容は全員に伝わっているか？

第2章　従業員一人ひとりが事業を理解する

――課題が何であるかをつねに伝える

手順や承認プロセスをできる限り廃止しましょうとアドバイスすると、必ずこう聞かれる。

「でもどうやって？　そんなことがどうしてできるんですか？　ルールやプロセス、承認、手続き、許可をなくして、代わりに何をすればいいんです？」

答えは、やるべき仕事の内容や背景情報を、従業員に明瞭かつ継続的に伝えることだ。「これが今の正確な状況で、これが私たちの成し遂げようとしていることだ」と伝えるのだ。マネジャーが、やるべき仕事と事業上の課題、幅広い競争環境について伝え、説明し、隠し立てのない姿勢でいることに時間をかければかけるほど、方針や承認、インセンティブの必要性は薄れる。

たとえあなたが方針や手順、ボーナス、人事考課などを廃止できる立場になくても、従業員に対し、事業課題やその達成状況を今より明瞭に、オープンに、正直に、継続的に伝えることはできるはずだ。そうすれば業績のタイムリーな改善を促し、状況に合わせて目標を柔軟に調整することができる。

また質問やアイデアを共有しやすい雰囲気ができ、そこから製品や顧客サービス、事業そのものを改善する方法につながる貴重な発見が生まれることもある。従業員一人ひとりが事業を真に理解することの大切さを私が痛感したのは、ネットフリックスの事業を深く理解するようになってからのことだ。

人は仕事に娯楽を求めない、学びたいのだ

私がサン・マイクロシステムズにいた頃、人事部には370人いた。370人もだ！そしてそのほぼ全員が会社の本業とは直接関係のない仕事をしていて、会社が何をつくっているのかさえ説明できなかった。人事部はいろいろな施策やオフサイトミーティング［組織の活性化を図るなどの目的で、社外で日常の喧噪から離れて行われる会議や催し］、パーティー

を企画した。仕事の半分がお楽しみ関連で、もう半分が励ましだった。とても楽しかったが、どこか満たされない思いもあった。もっと私たちに敬意をもってほしい、認めてほしいという願いがいつもどこかにあった。

のちにネットフリックスに移り、会社の成長に全員で一丸となってとりくみ始めると、それまでにないわくわくした気もちを味わうようになった。私がこの職務を引き受けた条件は、「人事のオバサン」として事業から切り離されるのではなく、リードの直属の部下として経営に参画することだった。そのためには自分から率先して事業のしくみを深く学ぶ必要があった。そしてそれを実践するうちに、従業員全員に事業を理解させることの大切さを思い知ったのだ。

リードと私は、ジャック・スタックとボー・バーリンガムが『グレートゲーム・オブ・ビジネス――社員の能力をフルに引き出す最強のマネジメント』(2002年、徳間書店)で説く、オープンブック・マネジメント(OBM)〔会社の経営指標を全従業員に開示して、経営の透明性を高めるという手法〕に影響を受けている。透明性の必要をとくに痛感したのは、私たちがDVDの宅配レンタルから定額制動画配信へと、ビジネスモデルの劇的な転換を図ったときだ。

ある朝リードと車を相乗りして職場に向かっていると、彼はレンタルごとの課金から定額制に移行するというアイデアを、憑かれたように熱っぽく語り始めた。私はいった。

「わかった、わかったわよ！　本気なのは、声を聞けばわかる。あなたがそうなると、何が起こるか知ってるわ。何が何でも押し通す気でしょう？」

この転換が従業員に歓迎されないことはわかっていたが、リードがどのみちやるだろうということもわかっていた。事業にとって正しい選択だと彼は確信しているのだ。転換が苛酷なものになるのは目に見えていた。ウェブサイトに記載した条件を変えるだけではすまない、膨大な量の仕事が必要になる。宅配や課金の方式だけでなく、会社の構造そのものを変えなくてはならない。部署や責任者、営業担当者もだ。それに新しい人材を大量に採用して、会員にサービスを提供し、膨大なユーザーデータを活用するための技術力を強化する必要がある。そのうえそれらの業務では、規模にしてネットフリックスの100倍という最大のライバル、ブロックバスターとの熾烈な人材獲得競争にさらされていた。

私にとってラッキーなことに、ビジネスモデルの転換があまりにも劇的だったため、二つのことにひたむきに集中せざるを得なかった。

一つは、新しいビジネスモデルと最重要課題をしっかり理解すること。定額制は「数」

のゲームであり、莫大な先行投資をしたあとでしか収益を回収できない。これがいかに大きな賭けかということを肝に銘じた。初期顧客を獲得するために、多額の費用をかける必要がある。そうして得た新規顧客からの収益をもって初めて、次の拡大のコストを賄うことができる。未来の利益のために先行投資をする——これが基本的なネットフリックスのモデルだ。成長が始まったばかりの段階で莫大な先行投資をするということは、ビジネスモデルを成功させるために時間をかけていられないことを意味する。

二つめとして、新しいビジネスモデルを今すぐ成功させるために、全従業員にそれを理解させなくてはならない。当時私たちの知る唯一のモデルは、レンタル期限と延滞料を柱とする方式だった。だからリードが期限も延滞料金もない定額モデルを提示したとき、怖くて仕方がなかった。なんといっても延滞料金はライバル企業、ブロックバスターの主な収益源だったのだから。延滞料金を課さないとリードが宣言すると、社内中から「それでうまくいくのか？」という疑問の声が巻き起こった。

私はビジネスパーソンとして仕事をすることにやりがいを感じ、もう二度と人事部の励まし番長に戻りたくなかった。また、経営陣がなぜこの決定を下したのか、全員が目標の達成に最大の貢献をするにはどうしたらよいか、どんな障害が見込まれるかを、全員にわかりやすくしっかり説明することにもやりがいを感じた。

事業を理解することの大切さが腑に落ちたとき、6歳だった息子がサッカーをしていたときのことを思い出した。子どもたちの試合は本当に愉快だ。だって、ボールの周りにみんなでただ群がっているだけなのだ。初めての試合に向かう車の中で、夫に「今日の試合はどんな作戦で行くつもり?」と聞くと、「とにかく、全員を同じ方向に走らせないと」という。「ああ、それならできるんじゃない?」というと、彼は「うーん、でも後半は方向が逆になるからな」と弱気だった。シーズンの終わりにワールドカップがあり、子どもたちと一緒にテレビで観戦した。空からの映像を見たとき、彼らはやっと理解した。「ああ! あれをパスっていうんだね!」ビジネスもこれと変わらない。

社内のどの部署、どのチームの問題であっても、従業員がそれを自分のものとして解決するには、経営幹部と同じ視点が欠かせない。この視点があれば、事業のあちこちに潜む問題や機会を発見し、うまく対処することができる。皮肉なことに、企業はいろいろな研修プログラムに多額の費用をかけ、従業員のやる気を高め業績を測定するために膨大な時間と労力をつぎ込みながら、事業のしくみを全従業員に説明するのを怠っているのだ。

コミュニケーションのハートビート

当然だが、事業が複雑になればなるほど、事業のしくみはもちろん、今後の進路についても全員と意思疎通を図ることが難しくなる。これを行う方法を考案するには――また経営トップや人事担当役員が、これを一貫して継続的に行うよう、すべてのマネジャーを指導するには――時間がかかる。うまくやる秘訣は、「コミュニケーションのハートビート」〔ネットワークに接続された機器が、正常に稼働していることを確認するために定期的に送信する信号〕を確立することだ。そしてそれには実験と練習が欠かせない。

リードと私は一時期、新規採用者を10人ずつ部屋に集めて、パワーポイント資料を見せながら説明を行っていた。カルチャーデックをつくる原点になった資料だ。「これがカンニングペーパーよ。あなたたちが同僚や上司に期待すべきことが全部書いてある」といって説明した。

その後「新入社員大学」という催しを行うようになった。これは四半期ごとの1日がかりのイベントで、全部署のトップが自分たちの事業の重要な問題や動向について、1時間ずつ新入社員にプレゼンテーションを行う。大学というアイデアの発案者は、現在コンテンツ獲得およびオリジナルシリーズ担当副社長を務めるシンディ・ホランドだ。あるとき彼女と私は、経営陣が投資家を集めて行う経営状況のプレゼンテーションを舞台裏から見ていた。彼女はプレゼンがとてもためになることを知って、私にいった。

「ねぇ、こんなに手間をかけて赤の他人のためにやっていることを、社員向けにやらない手はないわ」

そんなわけで、新入社員全員を対象に行うことにしたのだ。

ネットフリックス社員は、新入社員大学で膨大な量の情報を吸収することを、「消火ホースから水を飲むよう」だと、恐れ入った様子で表現する。各部門の業績評価指標や目標から始まる詳細なプレゼンテーションを通して、事業を深く理解し、各部署のトップを知り、おまけに直接質問をぶつけることもできるのだ。

コミュニケーションは双方向で

コミュニケーションは双方向でこそ成り立つ。従業員は質問をするだけでなく、自分の意見や考えを述べることができなくてはならない。ＣＥＯを含むすべてのマネジャーを相手にそうできるのが理想だ。

新入社員大学では、本題に入る前に参加者に念を押した。「今日は自分から働きかけなければ何も学べません。質問をしなければ、答えは得られないわよ」。今から思えば、これがネットフリックスの初期の成功の布石だった。このひと言で、あらゆるレベルの従業員が、自分に期待されている行動についてであれ、経営陣の下した決定についてであれ、誰に対しても遠慮なく説明を求めることを許されたのだ。従業員がよりよい情報や知識を得ただけでなく、やがて社内全体に好奇心の文化が生まれた。そして従業員の鋭い質問が重要な発見につながることも多かった。

一つ例を紹介しよう。あるとき新入社員大学で、最高コンテンツ責任者のテッド・サランドスが「ウィンドウイング」と呼ばれる慣習について説明した。これは長編映画の伝統的な配給方式のことで、映画をまず劇場公開し、続いてホテル、ＤＶＤ、と時間を置いて次々と配給していくやり方をいう。ネットフリックスはＤＶＤへの配給時点で入札に参加し、コンテンツを獲得することができる。質疑応答セッションで、あるエンジニアがテッドに質問した。

「なぜコンテンツのウィンドウイングはそんなしくみになっているんですか？　なんか、ばかばかしいですよね」

テッドはハッとした。そういう慣習になっていたが、なぜなのかは知らなかったのだ。だからこう答えた。

「わからないよ」

この質問が心に引っかかり、「それからはウィンドウイングの何もかもに疑問をもつようになった。おかげで数年後には、シリーズの全エピソードを一気にリリースするという、テレビ始まって以来のことを、自信をもってやれたよ」と彼はいう。

従業員が放つ、驚くべきアイデアや質問の価値を甘く見るなかれ。

どんなレベルの従業員も事業を理解することができる

たぶんあなたは、事業に関する問題を部下と話し合ったとき、「こいつ何もわかっちゃいないな」と思ったことがあるだろう。次にそんなことがあったら、こう考えてほしい。

「ちょっと待った、たしかにこいつは何もわかっちゃいない。でもそれは、私の知っていることを知らないからだ。教えなくては」

私がネットフリックスのチームリーダーに、問題を理解できなくて困っている部下がいるわよと教えると――事業がめまぐるしく変化していて技術的にも高度なため、こういうことはしょっちゅう起こった――反発されることもあった。

「説明したのに、アホすぎて何も聞いちゃいない」

私はいつも「説明がややこしくて理解できなかったのよ」といい、あなたのお母さんにも理解できるように説明するといいわよ、と勧めた。私自身、母にややこしい人事用語を駆使しながら人事の施策について話していると、いつもこういわれた。

「あなた何いってるかさっぱりわからないわよ」。母のいうことにまちがいはない。

事業のあらゆる面について、簡潔にしっかりと説明するのは楽なことではないが、見返りもそれだけ大きい。私はコンサルティングでこれを提案するとき、わかりやすいように、こんな質問をする。

「御社のカスタマーサービス担当者は、事業のしくみをどれだけ理解していると思いますか？　事業の最優先課題を理解しているでしょうか？　カスタマーサービスの仕事が収益にどう貢献しているかを、数字を挙げて具体的に説明できるでしょうか？」

ちなみに、どんな企業でも顧客体験の向上を課題に掲げているが、カスタマーサービスでヘマをする確率はどれくらいだと思うだろうか？　ゾッとするようなデータが続々と上がっている。ある調査では、消費者の78％が「カスタマーサービスに失望して購入や取引をやめたことがある」と答え、[1]そうした失態によって生じる年間の損失額は、アメリカ企業全体で620億ドルともいわれる。[2]「顧客サービスの悪いクチコミは、よいクチコミの2倍伝わりやすい」という研究結果もある。[3]コンピュータのボットプログラムやあらかじめ用意されたFAQ（よくある質問と回答）、メッセージ応答システムなどによってカスタマーサービスを提供しようという試みもあるが、対面や電話でのサービスの方がずっと効果が高いのだ。

カスタマーサービス部門をもつどんな企業も、サービス担当者に熱心に仕事にとりくんでほしいと思っている。そのための第一歩として、彼らに会社の損益計算書の読み方を教えるべきだ。たしかに彼らに損益計算書を見せようなどとはふつう思わないだろう。ほとんどの担当者がすぐやめてしまうし、だいいち組織の最下層の人たちじゃないか、とあなたは思うかもしれない。

だがどんな事業を成功に導くのも、クチコミだ。顧客と直接関わる従業員は、自分が顧客と行うやりとりのすべてが、自社の製品・サービスを使おう、あるいは使ってはいけないという、無料のクチコミになることをわきまえてほしい。カスタマーサービス担当者全員が、自分が顧客に提供するサービス体験が損益に直結することを、初日から自覚しなくてはならない。このことを明確に説明するのは、難しいことではない。企業は顧客獲得にかかるコストを計算している。一人の顧客の勧めでもう一人顧客が増えるたび、会社はその金額を節約できる。どんな会社もこの情報を、入社時に行う説明の一環としてカスタマーサービス担当者に提供できるはずだ。

私が従業員に会社の経営状況を教えましょうと勧めると、そんな情報は頭のいい人しか理解できないし、必要としないと反発されることがある。こういう情報は「MBA保持者が扱うもの」であって、「あの人たち」は関心をもたないか、理解できないかのどちらかだという偏見が、経営者の間にあるようだ。

私の答えはこうだ。そんなにバカなら雇わなければいい。いやそれより、バカだと思い込むのはよそう。誰かがバカなことをしているというのなら、それは情報を与えられていないか、誤った情報を与えられたせいだ。

でも事業の内情を教えるのは、ある程度以上のレベルの従業員に限るべきだろう？　もしその部署が苦境に立たされていたらどうする？　鳴り物入りの新製品の売れ行きが不振だったら？　そんな情報を知ったら下層の従業員はパニックに陥ってしまうのでは？　またそんなに情報を与えて大丈夫なのか？　――もちろん、非公開にしておくべき情報はあるが、会社がどんなに熾烈な競争にさらされているのか、この先どんな問題が待ち受けているのかを知らせることはできる。

皮肉なことに、会社の戦略や事業運営、業績に関する情報のほとんどが、社内で共有されていない。最近の上場企業は、そうした情報を全世界に公開しているというのにだ。決算発表の電話会議に参加する投資家の方が、その会社で働いている従業員よりも、事業の内情にくわしいのはなぜか？　企業は全従業員に対して決算発表を行うべきだ。いや、いっそ本物の電話会議を聞かせたらどうか？

あなたから情報を得られなければ、従業員はほかの誰かから誤った情報を与えられる可能性が高い。あなたが業績や戦略、課題、アナリストの評価を伝えなければ、彼らはその情報をよそから、そう、たぶん彼らと同じように情報に疎い同僚や、気の滅入る噂や下世話な陰謀説の渦巻くネットから得るだろう。

飲み会よりも、事業や顧客について学ぶ機会を提供しよう

多くの企業が研修に大金をかけ、従業員に仕事から長時間離れることを強いる。こうした お金と時間、労力の大部分が、的外れのことに費やされている。スポーツのコーチがいうように、パフォーマンスを上げる方法を学ぶには、実戦を積むのが一番だ。

先日、私が応援している新興企業にコンサルティングを行っていたときのことだ。学習・能力開発担当責任者が、若い人たちにもっとマネジメント能力を高めてほしいというので、「何をする方法を学んでほしいの？」と尋ねた。彼女は「よいマネジャーになる方法よ」というので、「具体的に何ができてほしい？」とたたみかけた。

「マネジメント」

「マネジメントのどの部分？」

「そうね、コンフリクトマネジメント［職場の意見の対立、衝突、葛藤を建設的に解決し、組織の活性化を図ろうとする手法］と対人コミュニケーション全般を学んでもらうのはどうかし

ら」

この二つは研修プログラムのなかでもとくに人気が高い講座だし、これらを受講したおかげでよいマネジャーになれたという人も、きっといることだろう。だがもし私が経営陣を含む社内の全員のために何か一つ講座を開くとしたら、事業のしくみと顧客サービスの基礎知識を教える講座がいい。これこそが、彼らの最も知りたいことだ。なにしろ現場でそのまま役に立つ知識なのだから。コンフリクト解決講座といえば、受講者は退屈し、仕事の時間を奪われたことを腹立たしく思うのがつねだ。

いわゆるミレニアル世代についてはどうだろう？　コンサルティングをすると、こんな質問をしょっちゅう受ける。

「ミレニアル世代は特別な扱いが必要ですよね。アドバイスをもらえませんか？」

ミレニアル世代には特別なサービスや多様な学習プログラムを提供しなくては、という思い込みがあるようだ。調査によれば、彼らが仕事に求めるのは「学び続けること」だという。だが彼らに特別な扱いが必要だというのは、まったくのまちがいだと私は思う。「ミレニアル世代」という言葉には虫酸が走るし、彼らのなかにもこのレッテルを嫌う人は多い。

彼らのことは、たんに「キャリアの初期段階の人たち」として考えるべきだ。もちろんもっと教育する必要はあるが、まずは事業のしくみをしっかり教えよう。学習意欲があることはすばらしい。考えてみれば当然だ、だってまだ学校を出たてで、何もかもを学び、スポンジのように吸収したい時期なのだから。どんな知識を与えてもぺろりと平らげてしまう。スナックしか与えなければ、それだけを食べ続けるだろう。だが血となり肉となる知識を脳に供給してやれば、驚くほどのやる気を見せ、驚くほど貢献してくれるにちがいない。彼らは異質《エイリアン》な存在などではない、ポテンシャルあふれる若手社員だ。若い人たちにビア樽からビールを注ぐ方法を教える代わりに損益計算書の読み方を教え、オンラインのコラボレーション講座を受けさせる代わりに本物の協働プロジェクトを与えれば、一生もののスキルを身につけ、生涯にわたる学習の何たるかを理解するだろう。

従業員特典やお楽しみについていえば、誰だってそういうものは好きだ。同僚との無料のピザやカクテルを楽しめない、なんて人がいるだろうか？　もちろん私も大好きだ。でも私の経験からいうと、最高の特典や催しとは、事業や顧客について理解を深められる機会なのだ。

ネットフリックスの草創期には、映画事業について学ぶ機会をたくさん設けた。従業員には映画マニアが多かったが、映画の製作工程や真の映画マニア文化のことはあまり知らなかった。当時ネットフリックスは、ほかではなかなか見られないアートフィルムを提供することで、映画マニアの間で知られていた。だからサンダンス映画祭［世界最大のインディーズ映画の祭典］に全員を連れていった。また著名な映画監督や映写技師、映画編集者の話を聞きに、ロサンゼルスもしょっちゅう訪れた。オフサイトミーティングも行ったが、バーベキューをやるためではない。真剣な討議を企画して、参加者が多くのデータを発表し、厳しい質問をぶつけ合い、会社の将来や競争環境について侃々諤々《かんかんがくがく》の議論を行う場にした。

少し前に、ワシントン州東部の観光牧場で行われる、500人のソフトウェアエンジニアの集まる会合で講演してほしいと頼まれたとき、一刻も早く飛行機に乗って、愛すべきオタクたちと充実した時間を過ごしたくてたまらなかった。聞けば、人工知能の将来について話し合う会だという。現代の最も画期的なテクノロジーが、ありとあらゆる製品・サービスをどう変えるかだけを考え、学びながら過ごす3日間ですって？　最高！

あなたはそんな集まりを主催したり、チームを参加させたりする立場にないかもしれないが、自由になる資源を活用して、頼りになる部下を育てるためにできる限り情報を提供する方法を考えよう。

継続する

ネットフリックスでは、最初は簡単なスライドをつくってそれを使い回すつもりだった。だが新入社員に説明を行うたびにちがう質問が飛んでくるし、事業そのものの性質や課題も変化し続けていた。これに合わせて、私たちの発するメッセージもたえず確認し更新していく必要があった。これは永遠に続けなくてはならない仕事だ。

従業員に十分な情報を与えられたかどうかを、どうやって判断するか？　私の基準を教えよう。休憩室でもエレベーターでもいい、従業員を呼び止めて、「うちの会社が今後半年間にとりくもうとしている最重要課題を5つ挙げてみて」と尋ねる。その人が間髪入れずに1、2、3、4、5点を、できればあなたが説明するときに使った言葉のまま、理想をいえば同じ順序で挙げることができれば、合格だ。もしできなければ、ハートビートはまだ十分強いとはいえない。

まとめ

▼どんなレベルの従業員も、自分とチームの任務だけでなく、事業全体のしくみや会社が抱える課題、競争環境などを大局的に理解することを望み、必要としている。

▼事業のしくみを正しく理解することが、何よりも大切な学習だ。それはどんな「従業員の能力開発」研修よりもためになるし、おもしろい。この知識が、高い業績と生涯にわたる学習の起爆剤になる。

▼経営陣と従業員のコミュニケーションは、本当の意味で双方向でなくてはならない。リーダーが質問や提案を歓迎し、気軽に意見をいい合える雰囲気づくりに努めれば努めるほど、レベルにかかわらずすべての従業員が、驚くようなアイデアやひらめきを与えてくれる。

▼部下が何もわかっていないように思えたら、それはたぶん、知るべき情報を知らされていないからだ。必要な情報を与えよう。

▼あなたが従業員に事業の現況や問題点を――よかろうが悪かろうが――伝えなければ、彼らはほかからその情報を得るだろう。そしてその情報はたいていまちがっている。

▼コミュニケーションの仕事に終わりはない。1年、1四半期、1か月、1週に1度行うだけの仕事ではない。円滑なコミュニケーションは競争優位を支える。

考えよう

●すべての従業員が会社のビジネスモデルを説明できるか？　全員が即答できる

かどうか確かめよう。

●決算発表の電話会議で提供する情報を、従業員と共有しているか？　会社の損益計算書を定期的に見せているか？　競合企業と比較した強みや弱みに関する情報を、従業員はどこから得ているのか？

●会社が抱える困難な課題を全従業員が理解しているか？　課題にとりくむ方法について、全員の意見を求めているか？　社内に情報を発信し、課題を議論するためのプロセスが確立されているか？

●会社の事業分野のなかで、あなたのチームがほとんど何も知らない分野はあるか？　その分野のリーダーに話をしてくれるよう頼めないか？　チーム間のコミュニケーションを促す方法はほかにないか？

●会社の顧客がどんな人で、何を求め必要としているかを、従業員は理解しているか？　顧客調査の情報を社内で定期的に共有しているか？　顧客と接する機会を設けられないか？

●オフサイトミーティングを開催する場合、従業員に学び話し合ってもらいたい、最も重要な問題を議題にできないか？　充実した情報をわかりやすく与える工夫ができないか？

●既存のミーティングやフォーラムを利用して、事業環境への理解を深める場をもてないか？　ミーティングの効果を定期的に検証しているか？　伝える内容によってミーティングのやり方を変えているか？　（週に1度の朝会、四半期ごとの全社会議など）。

第3章　人はうそやごまかしを嫌う

――徹底的に正直になる

私たちが仕事を通して得る最も大切な気づきの一つは、「敬意と誠意をもって正直な話をするのは残酷なことではない」ということだ。むしろ、相手が知るべきことを正直に伝えなければ、信頼と理解を得ることなどできない。

部下や同僚には本当のことをいえない、と感じている人が多い。そしてその理由は、

①相手がそれを理解できるほどかしこくないから

②それを理解できるほど大人でないから

③それは失礼なことだから

のどれかだと考える。この考え方のどこがまちがっているのか？　何のかんのいって、私たちは人に優しくしたい。人を大切に扱いたいから、いい気分にさせてあげたいと考え

る。だが人をいい気分にさせたいのは、正しいことをしたいからではなく、自分もいい気分になりたいからだ。それに、相手は本当のことを知らされなければ、仕事のやり方を改善することもできず、いつかその報いを受けて、結局はいやな思いをすることになる。

「一人前の大人である」ということは、真実を受け入れられるということだ。そしてあなたは当然、自分の採用した大人たちに真実を告げる務めがある。実際、彼らが一番聞きたいのは本当のことなのだ。

それ直接いったの？

ネットフリックスでの最も重要な約束事の一つは、「問題が起こったら当事者同士でオープンに話し合うこと」だ。これは部下、同僚、上司のすべてにあてはまる。会社中どこでも、上下を問わず誰に対しても、ありのままを話してほしい。

リード・ヘイスティングスと私が仕事であんなによい関係でいられたのは、いつもお互いに正直でいられたことが大きい。私がリードだけでなく、社内の誰に対しても正直でいたことを、リードは評価していた。昔からの人事仲間で、ピュア・ソフトウェアでリードと働いていたときの話をさんざん聞いてもらっていた同僚に、ネットフリックスに行くことになったと告げると、「なんですって？　あなたまたあの人でなしと別のスタートアップで働くつもり？」と驚かれた。そういえば、彼のことをそう呼んでいたこともあったっけ。あの頃のリードはとてもキツかった。だが彼は私に多くを要求し、私はいつもそれに応えようと発奮した。

徹底的に正直であることは、私にとって息をするように自然なことだが、ほかの会社では必ずしもよく思われなかった。ピュアでリードと働くことを決めたとき、大企業を離れ、スタートアップの世界に足を踏み入れることにしたのは、それまでしょっちゅう面倒に巻き込まれていたからでもある。ことあるごとに人事担当副社長に呼ばれ、「エンジニアをコケにしたそうじゃないか？」と聞かれた。

「ええ、でも聞いて下さい！　お風呂が熱くないだの、タオルがふわふわじゃないだの、プールが冷たすぎるだの、文句ばかりいうんです」と反論すると、こう返された。

「あのなぁ、エンジニアはうちの一番の資産なんだから、大切に扱ってくれないと困るよ」

納得いかない。前にもいったように、彼らが神様のように扱われるのにはうんざりだった。

リードのもとでは、事情はまったくちがった。初めて彼の採用面接を受けたとき、「あなたの人事の方針は?」と聞かれた。サン・マイクロシステムズとボーランドでキャリアを積んでいた私は、いつもの人事用語を駆使して答えた。

「そうですね、従業員一人ひとりが、個人としての野心と誠実さを線引きして、自発的に貢献できるようにすべきだと思います」

彼は私をまじまじと見つめていった。「はあ、それ英語? 今自分のいったことに何の意味もないってこと、わかってるよね? 単語を並べただけで、論理的な文章にもなってない!」

私はいつものように落ち着き払って答えた。

「私のこと知りもしないのに、なんでそんなことを?」

彼はすかさず返した。

「こんな会話で君のことがわかるはずがないだろう! ならば教えてくれ、うちの会社を成長させるために、君なら何をする?」

その日帰宅すると、夫が面接はどうだったと聞いてきた。

「なんだかCEOと喧嘩になっちゃって」

驚いたことに私は面接に通り、まもなくリードとずけずけとものをいい合える関係になった。彼はいつも私の前提を疑ってかかり、私が人事の常識を語るたびに異議を唱え、それがとてもうれしかった。一目置かれていると感じた。リードは私を少しも甘やかさず、ビジネス改善の新しい方法を探せと、いつもハッパをかけてきた。私が何かを成し遂げて大喜びしていると、「すごかったね。で、次は何をする?」とけしかけた。

ネットフリックス文化の柱の一つに、「同僚や同僚の仕事のやり方に不満がある場合、当人同士で、できれば直接顔を合わせて話をする」というルールがあった。陰で批判をしてほしくなかった。私は人事部長だったから、マネジャーが部下などの文句を私のところにしょっちゅういいにきた。私の答えはいつも同じだった。「本人とはもう話したの?」

この透明性基準を社内に徹底することには、多くのメリットがある。一つは、陰口や密告に歯止めをかけられること。私はいつもいっているように、社内政治というものが大嫌いだ。陰険だし、非効率きわまりない。

考えてもみてほしい。誰かをうしろから刺そうと思ったら、まずナイフを手に入れ、見つからないように隠し、その人と二人きりになるまで待ってから、不意を襲う必要がある。報復されないよう、確実に息の根を止めなくてはならない。計画を練る必要があるし、リスクも高い。そんなことになるくらいなら本人に向かって「君がそれをすると頭にくる、お願いだからやめてくれ！」と直接訴えた方がどんなに楽だろう。何より、正直な意見は人を成長させるし、胸にしまわれた意見の相違や異論をあぶり出してくれる。

人は批判を歓迎するようになる

率直に批判し合うことは、新入社員がネットフリックス文化で最もなじみにくい習慣の一つだが、オープンな姿勢の大切さをほとんどの人がすぐにわかってくれた。ネットフリックスの優れたチームリーダー、エリック・コルソンも、率直なフィードバックのやりとりをチーム運営の柱にしていて、現にすばらしい成果を挙げている。彼が平社員からわずか3年足らずで、データサイエンスおよびエンジニアリング担当副社長の地位に就いたのもうなずける。彼はネットフリックスに来る前はヤフーでデータ・アナリティクスの小さなチームを統括していたが、社内はとても協力的で、お互いを批判し合うこともなかったという。だからネットフリックスの同僚から批判的なフィードバックを受けるようになって、こう感じたそうだ。

「傷ついたよ。『コルソン、君はコミュニケーションが下手だ。本題に入るまでが長すぎるうえ明確さに欠けるから、メッセージが広く伝わらない』なんて、いきなりいわれたんだからね」

最初は心の中で「ああそうかよ？　お前にもいいたいことが山ほどあらあ！」と反発したが、すぐに気がついた。

「いわれたことを思い返すうちに、相手の視点に立って考え、改善する方法がわかってきた。率直さに助けられたよ」

ネットフリックスで多くの人がネガティブなフィードバックの衝撃から立ち直り、その価値を認めたうえで、他人にも一貫したやり方で思いやりをもってフィードバックを与え始めるのを、私は何度となく見てきた。

またエリックが教えてくれた別のエピソードは、上司が部下に厳しいフィードバックを与えないときに起こりがちな問題をよく表している。上司は「部下のミスをカバーしなくては」という余計な負担を抱え込むだけでなく、部下から行動を改める機会まで奪ってしまうのだ。エリックはヤフーで部下に与えるべきフィードバックを与えなかったために、部下の不手際をフォローするはめになり、大変な思いをしたし、部下にも気の毒なことをしたという。「優しすぎたんだ」と彼はいう。

「上司としていろんな意味で失格だった。部下のミスをとり繕うはめになり、それは彼のためにもならなかった」

フィードバックの与え方を練習しよう

ネットフリックスで私たちはエリックが話してくれたような、徹底的に正直なフィードバックが重要だという信念を広めることに努め、マネジャーたちが自信をもってフィードバックを与えられるように指導した。私が主に時間をかけていたとりくみはこれだった。ときには不満をもつ人の話を聞いてやり、ガス抜きをさせることもあった。彼らは相手がどんなにひどいかを事細かに並べたてる。そこで私は聞くのだ。

「あなたがそういったとき、相手は何て答えたの？」

文句をいっている人はたいてい、「こんなこと、面と向かっていえるわけないじゃないか！」というから、もうひと押しする。

「でも私にはいえたじゃない？」

すると彼らはばつが悪そうに、相手のいないところで不満をぶちまけたことを反省する。そして次に、同じ内容を感情を交えずに話す方法を練習した。また問題行動の具体例を挙げ、解決策を提示することも大切だと教えた。こうしたルールにしたがえば、対話はとても建設的なものになる。

うまく話せるようになるには、練習が欠かせない。鏡の前でやってもいいし、パートナーや友人を練習台にしてもいい。話すつもりのことを実際に声に出して練習すれば、自分の声のトーンを聞くことができる。録音するのもお勧めだ。

また声より雄弁なボディランゲージにも気をつけよう。ボディランゲージがネガティブなメッセージを強烈に発しているのに気づかないことも多い。

ある友人は、上司との話し方のコーチングを受けにいった。彼女の上司はとても気難しい人で、チーム全員が上司とうまく意思疎通できずに苦労していた。彼女がいつも上司と話している方法を実演してみせると、コーチは驚いていった。

「あらまあ、あなたがどんなに苛立っているか、上司もわかってるはずよ！」

そう、手ぶりに苛立ちが表れていたのだ。上司とのミーティングでは手をおしりの下に敷いてすわりなさいとコーチに指導され、おかげで話し合いがうまくいくようになったそうだ。

フィードバックで最も重要なのは、「あなたはぼんやりしている」のような、相手の性格描写ではなく、行動に関するフィードバックを与えることだ。またそれは相手が改善できることでなくてはならない。フィードバックを受ける人が、「自分の行動の何を変えることを求められているのか」を具体的に理解できるようにする。「頑張っているのはわかるが、成果が挙がっていない」では何も伝わらない。行動に焦点をあてていい直すとこうなる。

「あなたが努力しているのはわかるし、それは評価している。でも些末なことに時間をかけすぎて、ほかのもっと重要なことがおろそかになることがある」

それから一緒に優先順位を見直すのだ。私自身、身近な人から率直で、解決策を示すお手本ともいうべきフィードバックを受け、とてもためになった。「あなたはいつもしゃべりすぎて、ほかの人が口をはさめない」。なるほど。それからは注意して、黙って耳を傾ける時間を増やすよう努めた。

ありのままを話すことにためらう人が多い。だがじつのところ、いわれた側は——喧嘩腰や上から目線の批判でない限り——自分がどんな言動をしていて、どんな印象を与えているかを知ることができてよかったと思うものだ。

上司が模範を示せば部下もそれをまねる

マネジャーは自分のチームの全員に、また上層部ならば社内の全員に、よりオープンで正直な姿勢を求める。これを実現するには、トップダウンで規範を示し、実践しなくてはならない。

ネットフリックスの経営陣はあの手この手で、正直な姿勢を率先して示した。その一環として、チームミーティングで「スタート・ストップ・コンティニュー」と呼ばれるエクササイズを行った。各人が誰か一人の同僚に対して、始めてほしいことを1つ、やめてほしいことを1つ、とてもうまくやっていて続けてほしいことを1つ伝えるのだ。私たち経営陣は透明性の価値を固く信じていたから、経営会議でみずからこれを行った。そしてそれぞれが自分のチームに戻り、経営会議の「スタート・ストップ・コンティニュー」で誰がどんなことをいわれたかを全員に話して聞かせた。そうするうちに、オープンな姿勢が大切だという認識が、社内中にさざ波のように広がっていった。これは命令ではなかったし、私も人事の施策にはしなかった。経営陣のほとんどがただ実践したに過ぎない。このことが、模範のもつ力を物語っている。自分のチームではうまくいかなかったという人には、こう返した。「あら、プロダクトとマーケティングでやっていて、効果があるみたいよ。すばらしい成果がどんどん挙がっているから」。たいていはこれで説得できた。

また徹底的に正直であることの手本をトップダウンで示すために、チームリーダー全員にその姿勢を求め、それを実践する方法を指導した。また部下にフィードバックを継続的に与えてほしいと要求した。さらに、「陰で同僚を批判したり、同僚の不満を上司にいうことは許されない」という規範をチームにはっきり示してほしいと要請した。もちろん、セクハラのような倫理違反については別で、守秘に留意して対処することとした。

もう一人のチームづくりの達人に、ロシェル・キングがいる。最初彼女は小さなデザインチームを指揮していたが、その後ユーザーエクスペリエンスおよびプロダクトサービス担当副社長として、大きな部門を統括するようになった。彼女も最初はオープンで正直なフィードバックを与えるのがつらかったが、経営陣に強く要請されて、慣れるしかないと腹をくくったという。

「リーダーとして、文化を守るためにはつらいことも我慢しなくてはならない。部下に面と向かって厳しいことをいうなんて、私の性分に合わなかった。でも、やらなくてはならないとわかっていた。部下のところに行って、問題について話し合うという気まずい行動をね。文化に組み込まれているから、責任をもって実行するしかない。ほかのリーダーがやったという話を聞いて、私も実践したわ」

上層部が透明性の規範を徹底して伝え、身をもって示すうちに、それは文化の一部としてしっかり定着する。

フィードバックのしくみを設ける

やがて私たちは直属の部下やチームのメンバーだけでなく、社内の全員にフィードバックを提供できるしくみをつくろうと考えた。そこで「スタート・ストップ・コンティニュー」のフィードバックを、社内の誰にでも提供できるソフトウェアシステムをつくり、年に一度「フィードバック・デイ」を設けて、全員が送りたい相手に「スタート・ストップ・コンティニュー」の形式でコメントを送ることにした。これは、新しいことを試すうちに、文化を形成するための手法が自然とできあがっていったという好例だ。

最初システムでは匿名でコメントを送る方式にしていたが、例のごとく、エンジニアから反対の声が上がった。経営陣はオープンで正直であれといいながら、透明性を欠くツールを提供するとは何事か、というのだ。彼らはコメントの本文に自主的に署名し始めた。経営陣はたしかにその通りだと認め、システムを修正した。

経営陣が、従業員に遠慮してほしくないと本気で思っていることを示すために、私はみんなが率先してコメントを記入しているかどうかを確認した。2、3人の仲間に生ぬるいコメントを送ってお茶を濁してほしくなかった。透明性を広く浸透させるための基盤を提供するためにこそやっていたのだから。

エリック・コルソンは初めてフィードバックを書くことになったとき、こう思ったそうだ。

「数人にしかコメントを書かなかったら、パティに『何よこれ？　50人も部下がいて、たったの3人？』と締め上げられる」

こういうプロセスを始めるときは、積極的に参加する責任をもたせる必要があるだろう。全員がプロセスに慣れるまでに多少時間がかかるのはあたりまえだ。エリックは初めてのときの不安な気もちを語ってくれた。

「僕はプロダクトマネジャーのある仕事のやり方に不満をもっていて、送信ボタンの前で『ああ、こんなの送ったらなんて思われるだろう？　ムカつくだろうな』と、うじうじ悩んでいた。でも翌日フィードバックが全員に行き渡ったあとで、なんと彼がやってきていったんだ。『よっ、フィードバック受けとったよ。ありがとう、とてもためになった』って」

エリックはやがてフィードバック・デイを心待ちにするようになったそうだ。私の経験からいうと、90％くらいの人がそんな感じだった。そしてフィードバックをきっかけに建設的な対話が始まり、わだかまりが消えることも多かった。

全員が事業に関する問題についても知る権利がある

私たちは事業に関する問題についても、徹底的に正直な姿勢でのぞんだ。最初の数年間はジェットコースターのようだった。何か問題にぶつかるたび、全員にそれを伝え、目標達成までの期限、成果の評価指標、そのために必要なことをできるだけ明確に説明した。会社がどこに向かっているのか、何をしているのかを、全員に知ってほしかった。そしてそのためには、事業が直面している問題を深く理解させることが欠かせないと気がついた。ほとんどの企業では、こうした情報を会社全体に伝える責任は誰にもなく、多くの人、ときには部署全体が蚊帳の外に置かれることがある。また会社が従業員の反応を恐れて、重要な戦略転換や業務変革を遅らせることさえある。

ネットフリックスでは、変化に対応できる体制を整えるうちに、会社全体に信頼感が生まれた。力を合わせれば会社を進むべき方向に進められるという信頼感、必要な変化について誤った情報を与えられないという信頼感だ。

もちろん、変化のなかには従業員の不評を買ったものもある。ネットフリックスの初期の大きなチャレンジの一つが、ストリーミング配信への転換を成功させることだった。ビデオストリーミングがうちの事業の未来なのだとことあるごとに説明し、宅配能力を高め在庫を拡充しつつ、顧客の視聴傾向を注意深く追跡していた。その間、この転換が顧客にとってどういう意味をもつのかについて、オープンで活発な議論を何度も行った。意思決定が困難であることを明らかにしたからといって、決定を下しやすくなったわけではないが、正直な対話を通して全員の心づもりができたし、またそのおかげで適切な決定を適切なタイミングで下すことができた。従業員にショックを与えることを懸念して決定を遅らせることもなかった。転換は本当に大変だったし、不満に思う人もいたが、今後の見通しについては全員が明確に理解していた。

経営上層部は、事業に関する問題を従業員に知らせると不安が高まると考えがちだが、知らせない方がずっと不安を煽ることになる。どのみち、厳しい現実は従業員から隠し通せない。真実を隠したりいい加減なことを伝えたりすれば、不信感を生むだけだ。信頼を成り立たせるのは誠実なコミュニケーションだ。いい加減なことを教えられた従業員は冷笑的になる。冷笑はがん細胞のようなものだ。不満を生み、それがあちこちに転移して自己増殖し、やがて疑心暗鬼や足の引っ張り合いをもたらす。

まちがいを素直に認めればよりよいインプットが得られる

あるとき誰かに「私は何をしたらクビになりますか?」と聞かれたから、こう答えた。

「いい質問だわ。そうね、まず横領、セクハラ、守秘義務違反は当然アウトでしょう。あ、わかったわ、どんなときクビになるか。何か問題が起こったあとで、何がまちがっていたかを話し合っているとき、こんなことをいう人はクビね。『問題には気づいていたが、聞かれなかったから黙っていた』。そんなことをいったら、駐車場でひき殺すわよ、予測できたまちがいを阻止しなかっただなんて」

事業に関する問題を率直に話し合うということについて、もう一つ大事な点は、率直さは双方向でなくてはならないということだ。経営陣や直属の上司にも遠慮せず質問や意見をぶつけるよう、従業員に徹底しよう。あなたはリーダーとして模範になり、「率直に話してほしい、よくないことや反論でも直接いって大丈夫」と、口先だけでなく行動でも示さなくてはならない。そこまでしなければ、真にオープンな行動は望めない。デロイトがさまざまな業種の企業を対象に行った調査によると、「業績を損なうおそれのある問題について黙っていたことがある」従業員は70%に上るという。[4]

たとえばあなたはミーティングで、何かの決定を下そうとしている。その場にいる部下の一人は、そんな決定はばかげていると、何か月も前からあなたに訴え続けている。ところが会議がもう終わろうとしているのに、彼は一向に口を開かない。そんなとき、あなたは必ず指摘しなくてはならない。「君が4か月も前から反対し続けている決定を下そうとしているのに、君はまだ何も発言していない。気が変わったのか？　それとも、もういってもしょうがないと思っているのかい？」。部下に「私は全然いい考えだと思いません。

その理由はこうです」と切り出す勇気をもってほしいなら、あなたがまず率先してその勇気を示すべきだ。

当然だが、部下に正直な意見を求めることは、上司や自分と同レベルの同僚にそれを求めることとはまったくちがう。でもあなたはそれをしなくてはならない。なぜなら、あなたはいつも正しい行動をとっているとは限らないし、自分は正しいという自己満足は大きな危険をはらんでいるからだ。

私自身、そういう自己満足に浸っていた。自分の正しさを証明するのに夢中だった。リードやほかの重役の決定に反対し、あとで自分が正しかったことがわかると、大喜びしたものだ。「君が正しかった、僕はまちがっていた」というメールをリードにもらったときなどは、それをプリントアウトして財布にしまっておいた。そんなメールをもらうのは3年に1度あるかないかだったから、私にとっては一大事だったのだ！ でもその後しばらくして何かを話し合っていたとき、リードに「君のいう通りだ、この件に関しては僕がまちがっていた」といわれても、もう爽快な気分にはならなかった。なぜ前にもっとうまく反論できなかったのかと、自分に猛烈に腹が立った。そしてどうすればもっと建設的な議論ができただろうかと考えた。

リードがこの日に限らずいつもやっていたように、リーダーがまちがいを素直に、しかも人前で認めれば、「黙っていないで発言しよう！」というパワフルなメッセージをチームに発信できる。

率直な意見を促すには、率直に話す人が無事生き延びることを示すのが一番だ。リードはこれをやるのがうまかった。トム・ウィルラーが、35人ほどのチームミーティングでリードと対立したときの話をしてくれた。

この当時フェイスブックは、友人や知人が投稿していること、たとえば今読んでいる本や見ている番組、参加しているイベントなどを一覧で示して手軽にシェアする「ニュースフィード」の機能を提供し始めた。リードはネットフリックスがこの波に乗って、会員が観ている映画の情報をフェイスブックページのニュースフィードに自動的に流す、というアイデアを強く推していた。一方トムは、友人とシェアする情報は、会員が自分で選択できるようにするべきだと主張し、リードと真っ向から対立した。二人はチームの面前で激しくやり合った。トムは会員が選択することを望んでいるという調査結果を突きつけ、リードはどちらの方法がよいかを確かめるために、トムたちにA／Bテストを行わせることにした。トムが正しかったことがデータで示されると、リードはチームの前で公に認めた。「僕は強硬に反対したが、トムは正しかった。よくやった」

トムはコーセラの最高プロダクト責任者になってからも、まちがいを認める手本を示すことの大切さを忘れなかった。彼はコーセラにもち込んだ、ある斬新なアイデアで思いちがいをしていたと話してくれた。「ネットフリックスでの輝かしい実績」をひっさげ、鳴り物入りでコーセラに参画した彼は、利用者が好きなときに受講を開始できるように、1日24時間週7日体制で講座を配信するというアイデアをもっていた。だが講師たちは、ふつうの大学と同じように、開講は新学期に限定すべきだと反論した。開講時期や課題の期限がきっちり決まっていた方が、学生は授業についていこうという意欲を燃やすというのだ。トムはこのやり方は時代に合わないと感じ、一部の講座の常時配信を決行し、しゃれたインターフェースをデザインした。

さてどうなったか？　受講者は大幅に増えたが、修了率は大幅に下がった。これはコーセラの抱える大問題だった。コーセラのビジネスモデルは、ただ多くの講座を提供すればよいというものではない。受講生が実際に学習し、単位を取得してこそ意味がある。学習には厳格な期限が欠かせないという、講師陣の意見は正しかった。とはいえ、トムは完全にまちがっていたわけではない。コーセラは試行錯誤の末、2週間ごとの開講という折衷方式をとった。課題に期限はあるが、授業についていけなくなったら、２週間待って受講し直すこともできる。

このような下からの反論や異論は、多くの企業で握り潰されている。経営幹部教育機関コーポレート・エグゼクティブ・ボードの調査で、率直なフィードバックを積極的に促している風通しのよい企業は、そうでない企業に比べて、10年間の株主総利益率が２・７倍高かったというのもうなずける。[5]

オープンな共有は歴史の書き換えを難しくする

また透明性を徹底すれば、誰もが自分の支持した立場に責任をもち、事後的に非難されることも少なくなる。正直、「ほら見たことか」というのは楽しいが、建設的な問題解決にはならない。

ネットフリックスが経験した最も厳しい失敗の一つが、ＤＶＤレンタルサービス（「クイックスター」と名づけた）とストリーミングサービス（ネットフリックスの名を踏襲した）を分離し、両方の会員数を増やすという試みだ。あれは大惨事だった。顧客の猛反発を招いたため、ひと月と経たずに方針転換し、公式に謝罪した。社内に非難の応酬や「ほら見たことか」の大合唱が巻き起こったことを否定するつもりはない。

だが実際には、経営陣は合意のうえで戦略を決定したし、反論する機会は誰にでもあった。当時上級幹部に昇格していたロシェル・キングが、このときのことを話してくれた。「事後処理の方法は見事だったわね。一致団結して、全部署の副社長にどうするかを考えてもらった。全員が戦略を十分に理解していた。透明性の高い文化では、起こったことの責任はチーム全員で分かち合う」

匿名調査が発する矛盾したメッセージ

エンジニアたちが例の匿名のフィードバックシステムになぜ反発したかといえば、オープンで発信元が明らかなフィードバックの価値を認めているからだ。私はエンジニアのこういうところが好きなのだ。エンジニアの仲間うちでは、コードをちょっと見ただけで誰が書いたものかがすぐわかるという。エラーを犯した人やすばらしいコードを書いた人を特定できることは、プログラムの改良に役立っている。彼らがフィードバックシステムの変更を求めたのは正解だった。コメントの主が特定されるようになってから、フィードバックの内容はより思慮深く、建設的になった。

一般に、匿名の方が正直になれるといわれる。だが私の経験からいうと、そうではない。正直な人はどんなときでも正直だ。それに匿名の場合、どの上司の下でどんな仕事をしているどんな人が書いたのかもわからないコメントを、どう解釈すればいいのか？　だが匿名調査の最悪な点は、「匿名のときに正直になるのが一番だ」という誤ったメッセージを送ってしまうことだろう。

最近ある会社の人事担当役員が、半期ごとの社内の意識調査で従業員の不満が募っていることがわかったので、人事の施策を検討しているのだと話してくれた。そこで彼女に、その匿名の意識調査は自分たちで行ったのかと尋ねると、外部企業に委託したという。重要な調査だから大金をかけて正式に行う価値があると、経営陣を説得したそうだ。また、アンケートの質問を考えたのは誰かと聞くと、外部企業が市販のソフトウェアプログラムを使って作成したという。だからこういった。

「あなた冷蔵庫のフレーバーウォーターを廃止するかなにかして、不評を買ったんじゃないの？」

つまり、外部の企業がお仕着せの質問を使って行う匿名調査では、信頼できる情報は得られないといいたかったのだ。従業員の考えていることを知りたいなら、マネジャーが直接、できれば面と向かって尋ねることに勝る方法はない。この会社の従業員は70人だから、10人ずつ7つの集団にでも分けて、話を聞くべきだった。

あなたの部下は、本当のことをありのまま面と向かって話せるはずだし、あなたにもそうできるはずだ。

まとめ

▼従業員は事業や自分の業績について、ありのままの真実を告げられても対処できる。彼らが聞く必要があり、聞きたいと強く願っているのは、ありのままの真実なのだ。

▼正直に、適切なタイミングで、面と向かって気になる点を伝えることに勝る問

題解決法はない。

▼徹底的に正直な姿勢は、緊張を和らげ、陰口に歯止めをかけ、理解と尊敬を深める。

▼徹底的に正直な姿勢は、胸にしまわれていた反対意見をあぶり出す。そうした意見は重要な発見につながることも多い。

▼部下の仕事ぶりに問題があるとき、それを本人に直接ありのままに伝えなければ、マネジャーやほかのチームメンバーがミスをカバーするはめになり、不当な負担を強いられる。

▼話し方に気を配ろう。リーダーは批判的なフィードバックの伝え方を練習し、具体的で、建設的で、善意が伝わるような方法で話そう。

▼同僚同士でフィードバックを送り合えるシステムをつくろう。ネットフリックスでもシステムをつくり、年に一度のフィードバック・デイを設けて、全員が送りたい相手にコメントを送っている。

▼みずから模範を示し、まちがいを率直に認めよう。また、自分が何をもとに決定を下したのか、どこでまちがったのかを説明しよう。そうすれば部下は上司と真っ向から対立する考えや意見であっても率直に話してくれる。

考えよう

●現在の事業展望や、会社やチームが抱えている困難な問題を、チーム内でオープンに話し合っているか？　今後6か月間の会社の課題を、全レベルの従業員が理解しているか？

●チームミーティングは、権力をもつ人の意見に反論できる場になっているか？　対立意見が全員の前でオープンに交わされる様子を、チームメンバーに見せているか？

●意見や疑問をほとんど表明しないチームメンバーはいないか？　黙っている人に発言を求めたり、議論に貢献するよう指導したりしているか？

●あなたが仕事にとりくんで失敗したときのことを、チームに率直に話しているか？

●チームの業績不振者と真剣に話し合わず、そのまま放置していないか？　一人の部下の問題がチーム全体にどんな影響をおよぼすか、考えたことがあるか？

●部下の仕事ぶりについて話し合うとき、具体的な問題点を理解させているか？

●社内のほかの部署からフィードバックを得ることは、チームの役に立つか？
部署間の意見交換を促す方法はないか？

第4章　議論を活発にする

——意見を育み、事実に基づいて議論を行う

ネットフリックスの経営陣は強烈だった。巧妙にかつ鮮やかに議論を戦わせ、相手の意見を引き出した。相手に対する敬意があるからこそ、必ずしも意見に賛成できなくても、なぜそう考えるのかを理解したいのだ。お互いの知性への敬意と、同僚の見解の根拠を知りたいという純粋な思いが、質問の応酬を促し、歯に衣着せぬやりとりを建設的で礼儀にかなったものにしていた。経営陣はいろいろな集まりで活発な議論の模範を示し、オープンに話し合った。

あれほど手ごわい問題が次々とめまぐるしく降りかかってくるなか、ネットフリックスがつねに自己改革を図り、成長し続けることができたのは、いつも「なぜそれが正しいといいきれる？」や、私のお気に入りのバージョンの「なぜそう信じる気になったのか、わ

かるように説明してくれる?」と互いに問いかけてほしいと、私たちが従業員に求めたからだろう。

一例として、一時ネットフリックスはバッファリング時間(ビデオをクリックしてからスタートするまでの時間)の短縮に大苦戦していた。エンジニアにしか完全には理解できない、厄介きわまりない問題だ。私たちはセールスとマーケティングの担当者に要請した。「あのくそいまいましいバッファリング問題をなんとかしてくれ!」とエンジニアにぶちまける代わりに、「なぜバッファリングにこんなに時間がかかるのか、わかるように説明してくれ」と聞いてほしい、そしてその質問は本心からぶつけてほしいと。相手がとりくんでいる課題に心から関心をもってする質問は、理解の架け橋になる。技術系でない従業員は、この質問への答えを通して、エンジニアがどんなに手ごわい課題にとりくんでいたかを初めて知り、視野を大きく広げた。

こうした質問を投げかけるうちに、やがて社内に好奇心と敬意が育まれ、チームや部門の内外で有益な学習が行われるようになった。いい加減な噂や陰口のたぐいも減った。あるとき、エンジニアがマーケティング責任者に真剣な様子で質問をしているのを見かけて、私はとても誇らしかった。「顧客獲得に700万ドルかけたって聞いたけど、どうやったのか教えてくれない？」

入社してまもないマネジャーは、このやり方に慣れるのに時間がかかることが多かった。あるとき、すばらしい経歴の新任マネジャーが自己紹介を兼ねてチームミーティングをするというので、私も聞きに行った。マネジャーが、チームが真剣にとりくみ続けてきた問題について講釈を垂れ始めると、一人のエンジニアがサッと手を挙げていった。

「あなたが来てくれてうれしいし、話を聞きたいのは山々だけど、僕らもその問題にはとっくに気づいていて、必死にとりくんでいるってことをわかってほしい」

新任マネジャーは、その問題に関してチームがすでにめざましい成果を挙げていることすら調べていなかったのだ。ミーティングを終えて外に出ると、彼が憤然としていった。

「あいつ何様のつもりだ？　あんな口の利き方をするなんて！」

私はそのエンジニアがネットフリックスの誇る逸材の一人であり、うちではお互いのとりくんでいる問題について知ったかぶりをせず、質問し合うよう徹底しているのだと彼に説明した。彼はカルチャーショックを受けたようで、ほどなくしてほかへ移っていった。

ただしこれは例外的なケースで、ほとんどの人が質問するという鉄則を尊重し、受け入れている。

根拠に基づく意見をもとう

しっかりした意見をもつこと自体には、何の問題もない。むしろ意見をもち、それを強く主張することはとても大切だ。ただ、意見はつねに事実に基づいていなくてはならない。事実に基づいた意思決定を求めるからといって、意見が重要だということに変わりはない。たんに十分な根拠のある意見をもつよう努めてほしいというだけだ。私はいつもコンサルティングで「意見をもち、立場を明確にし、根拠をはっきり示しましょう」と経営幹部らにいっている。どんなによい意見をもっていても、事実を挙げてその正しさを主張しなければ、何にもならない。事業運営での大きな罠の一つは、議論のうまい人が、主張の正しさではなく説得力の高さゆえに、自分の意見を押し通してしまうことだ。ネットフリックスにも、自分の見解を擁護するのがとびきりうまい人がいた。とても雄弁で説得力があり、話を聞いていると陶酔状態になるほどだった。でも彼はほぼ必ずまちがっていた。

ネットフリックスでは従業員に、事実を調査し、事実に基づく議論には、たとえ賛成できなくても偏見を排して耳を傾けるようにして、自分なりの意見を形成してほしいと要請した。このことは、初期の従業員のほとんどが数学者やエンジニアだったことに由来する。彼らは科学的手法の信奉者だ。事実を発見し、それに応じて問題の認識や解決の手法を変えていくのは、彼らにとってごく自然なことなのだ。その後会社が成長を遂げるうちに、私たちは事実と科学的手法へのこだわりをエンジニアリング部門だけでなく、社内全体に意識的に育もうとした。この方針を広く浸透させることは、エンジニアリング主体の会社でなくてもできる。

また注意すべきは、「事実主導」が「データ主導」ではないということだ。最近では、データそのものが答えであり究極の真実であるといわんばかりに、データを神か何かのようにあがめる傾向が見受けられる。データすなわち事業運営に必要な事実だ、という危険な誤解がある。信頼性の高いデータは当然必要だが、定性的な判断と、たしかな根拠に基づく意見も欠かせない。チーム内でそうした判断や意見についてオープンに、楽しみながら議論しよう。

データ自体には何の意見もない

ネットフリックスのとくに草創期のことだ。私たちは顧客の行動についてそれぞれ一家言をもっていた。自分が顧客としてどう行動しているかを根拠に、「いやうちの顧客はそんな視聴行動をとらないよ、だって自分はそうしないから」などといい合っていた。その後ストリーミング配信に転換すると、視聴者の詳細な実データが手に入るようになった。それまでは、顧客がどのＤＶＤを受けとったかと、どのＤＶＤを「見たい映画リスト」に入れたかしかわからなかったのだ。

（今ではすっかり忘れ去られたこの機能について説明しておくと、当時顧客は見たい映画を何本でもリストに追加でき、ＤＶＤを返送するとリストに載っているＤＶＤが順番に発送されてくるしくみだった。）

しかし今では顧客がどのコンテンツを熱心に鑑賞したのかまでわかる。『ストレージ・ウォーズ』や『スワンプ・ピープル』のような番組に視聴者が夢中になるなんて、予想もしなかった。膨大なデータのおかげで、昔からの思い込みの多くが解消した。

このように、データはすばらしいし、強力だ。データには何の恨みもない。だがデータに過度にこだわり、幅広い事業環境から切り離して狭い視野で解釈するとき、問題が生じる。

データをもとに問題を提起するのではなく、データを答えと見なしてしまうのだ。テッド・サランドスがデータを活用する方法について、よいことを教えてくれた。彼の率いるコンテンツチームは、データに基づいて意思決定を行うのではなく、あくまで参考にするにとどめている。ネットフリックスが『ハウス・オブ・カード～野望の階段』の配信を始めたとき、いったいどうやって視聴者データを分析して、ネットフリックスの視聴者にぴったりの番組を見つけたのだろうと、彼のチームに注目が集まった。視聴者に人気の俳優が起用されていたことや、ワシントンの権力闘争を描いた別のドラマ『ザ・ホワイトハウス』の人気がカギになったのだろうと、世間では思われていた。だが実際の意思決定においては、そうしたデータも大きな助けになったものの、最大の決め手は、才能あふれる映画監督デビッド・フィンチャーが制作に関わっていたことだった。

チームが意思決定を行う際には、データ分析から得た洞察を参考にするが、それにふり回されることはないと、テッドは強調する。データの十分な裏づけのあるプロジェクトが失敗するのを、彼らは何度も見ている。番組や映画を制作するかどうかの決定は、主観的な判断だという。チームは『オレンジ・イズ・ニュー・ブラック～塀の中の彼女たち』の制作を決定するにあたって、「しっかりした脚本がある作品だけを制作する」というルールを覆したが、それは番組がヒットすることをデータが示していたからではなく、制作者のジェンジ・コーハンの構想が考え抜かれていたからだ。この番組はノンフィクションを原作としていて、映画化の話もあったが、視聴者が囚人に感情移入できないのではないか、刑務所というセッティングに閉所恐怖症をもよおすのではないか、という懸念があった。コーハンは物語の舞台を広げ、刑務所に送られる前の囚人の人生を視聴者に垣間見せるという構想をもっていた。原作と同様、刑務所に入れられる女性たちの多くが凶悪犯罪者のイメージとかけ離れていることを描き出すことによって、視聴者に共感をもたせ、女性たちの人生の物語に引き込もうとしたのだ。

コンテンツチームは、オリジナル作品に対する視聴者の反応にいつも驚かされるという。予想よりはるかに強い反応がある場合も、その逆の場合もある。チームは視聴者反応データを、番組の進め方を決める際の終着点としてではなく、視聴者の反応を理解するための出発点として扱う。番組が完全な失敗に終われば、制作の失敗だったのか、マーケティングやポジショニングの問題だったのかを検証する。またテッドは、視聴者が「できれば見たい」と思っている番組に関する情報は、視聴データからはあまり得られないと教えてくれた。ネットフリックスが世界進出を計画し始めたとき、海外視聴者がどんな番組を見たがっているかという一般通念は、世界興行収入のデータによって歪められていた。データを見る限り、海外視聴者は一部のアメリカの番組にまったく関心がないように思われた。このデータから抜け落ちていたのは、それまで多くの国の視聴者が、アメリカの番組にほとんど触れる機会がなかったという事実だ。ネットフリックスが初めてアメリカの番組を大量に提供し始めると、どの国でも多くの視聴が集まった。テッドはチームのコンテンツ制作プロセスを、こう説明する。「直感に基づいて行動することも多いから、データを読みとれるほどスマートで、データを無視できるほど直感力に優れた人材を探すようにしている」

またテッドは、データが説明責任の盾として用いられることに警鐘を鳴らす。主観的な判断を下す責任を回避するために、データが利用されることがあるというのだ。定量データをもとにした意思決定が好まれるのは、決定がまちがっていたことが判明したときに、データに責任を転嫁できるからでもある。

テレビ番組のパイロット版もそうだ。視聴者でテストされるから、番組が失敗に終わっても、制作チームには「テスト結果はとてもよかった」という口実ができる。テッドのチームはパイロット方式を採用せず、最初から1シーズン分の番組制作にゴーサインを出している。

どのデータを使うかという選択にも、先入観が入り込む。自分のデータを他人のデータより優先することは日常茶飯だ。マーケティングがあるデータをもってきたかと思えば、営業はまた別のデータをもってくる。データは問題解決の一要素でしかない。またチーム全員が同じデータをもっていたとしても、スプレッドシートには表れない事業の側面については、議論し合うことでしか情報は得られない。

見栄えはよいが中身のないデータに注意

ソフトウェアエンジニアと仲よくしていると、新しいプロダクトを見せてもらえることが多い。あるエンジニアに、新しいしゃれた人事管理ソフトについて意見を求められた。

彼は経営上層部から平社員までの全員の目標を管理する精密なシステムのしくみを、ホワイトボードの全面を使って説明してくれた。データはすべてソフトに入力され、それから一人ずつ個別に2時間かけてみっちり人事考課が行われ、その際一人の従業員につき一人の係がついて、その結果を巨大なリレーショナルデータベースのデータフィールドに入力していくのだという。

私は彼を遮っていった。「ねぇ待って、そこで止まって。つまり、一人ひとりと面談した結果をこのフォームに入力するために、誰かを雇う必要があるというわけ？　そして全部の目標を入力したら、アルゴリズムはいったい何をしてくれるの？」

彼は答えた。「人事管理のためのデータが得られるよ」

「そのデータを使って人事は何をするの？」

「とにかく、データが手に入るわけだ！」

何それ？　ただデータを作成するだけのために、なぜ膨大な時間とお金を費やす必要があるの？

一番やってはいけないまちがいの一つは、重要でない評価指標に固執することだ。従業員定着率へのとらわれが、その好例だ。人事部は従業員を満足させるのが仕事で、満足度を測るための主な評価指標は定着率だ、ということになっている。だが現実を見れば、人事の仕事の50%は従業員を解雇することなのだ。

最近ある会社の経営陣にコンサルティングを行ったときのことだ。人事部長が、昨今は従業員が特典や高給に釣られてやめてしまうので、人材確保が難しいとこぼすので、私は「本当にそうでしょうか?」と尋ねた。私の経験からいうと、最高の人材は特典になびかない。それに、離職率がそもそもそんなに重要な問題なのかという疑問もある。それは状況によるだろう。たとえば完了まで3、4年を要し、多くの人員が多くの労力をかける必要があり、研修や適応にも時間がかかるようなプロジェクトにとりくむ場合は、完了まで全員に何としてもとどまってほしいだろう。そんな状況でも従業員のやる気を促すには、フレーバーウォーターや仮眠施設なんかを用意するより、その課題にもともと強い関心をもち、何かに長期間とりくんだ実績や適性のある人材を採用する方がずっといい。だが多くの場合、ニーズはずっと短期で、課題が完了した時点で新しい仕事を探してもらった方が、会社にとっても本人にとってもためになる。これについてはあとでまた説明する。

評価指標に関するもう一つの大きなまちがいは、評価指標を固定的なものと考えることだ。むしろそれを流動的なものととらえ、たえず見直し、これでよいのかと問い続けなくてはならない。そしてそのためには、活発な議論をするしかない。

事業のため、顧客のための議論に徹する

ネットフリックスでの議論は白熱することが多かったが、険悪なムードになったり、生産性の妨げになったりするようなことはあまりなかった。なぜなら、「事業や顧客のためになる議論を行う」という原則を設けていたからだ。

企業が顧客のニーズを満たせず、その結果収益を上げられないという事態を招く最悪の原因の一つは、「データが何を物語っているか」を十分に考え抜いていないことにある。

ビジネスでは、顧客のニーズや好みに応えるための選択肢が二つあって、どちらも強力なデータの裏づけがあるという状況が、往々にして発生する。こうした状況で決定を下すには、主観的な判断が求められる。ネットフリックスでは、顧客につねに焦点をあて、難しい判断を迫られる問題を徹底的にオープンに話し合うためのしくみとして、「コンシューマーサイエンス（消費者科学）会議」という月例フォーラムを設けた。これはコンピュータサイエンスをもじった名称で、「ネットフリックスはデータ集約型解析の最先端企業だが、その目的はあくまで顧客に喜びを与えることにある」という信条を表していた。リー

ドとマーケティング責任者、プロダクト責任者が必ず出席し、コンテンツチームのメンバーもロサンゼルスからしょっちゅう来ていた。私も毎回同席した。すばらしく有益な情報を得、めまぐるしく変化する事業開発の最先端事情をすばやく学ぶことができたからだ。

この会議の目的は、前月に社内で行われたすべての消費者テストの結果を発表し、その月に予定されているテストについて話し合うことにあった。消費者テストを考案、実行した担当者がプレゼンを行い、その結果や次回のテストの意義に関して経営陣が質問を浴びせた。

ミーティングで矢面に立たされることが多かったのが、スティーブ・マクレンドンだ。彼は印刷媒体のマーケティング担当者として入社し、マーケティング部内でテストに関わる役職を歴任したのち、プロダクトイノベーション担当役員になった。すばらしい昇進ぶりである。ネットフリックスに入社したばかりのとき、スティーブはちょっと場ちがいな感じだった。それまでうちのような熾烈な事業とは無縁で、サンタクルスの小さな雑誌の広告欄の営業マンとして、ネットフリックスの印刷広告を担当していた。オンラインマーケティングという急成長中の最先端分野に比べれば、よい意味で古典的な仕事だ。スティーブはおっとりとした性格でもあった。そんな彼が、コンシューマーサイエンス会議での質問の嵐をどう受け止めていたのか、とても興味があった。彼はストレスが大きかったと率直に認めながらも、予想し、聞かれそうなことを予想し、できるだけ隙のない議論の準備をすることを学んだよ」と話してくれた。またマーケティングとプロダクトの責任者がいたおかげで、両者の視点から問題をとらえることができたという。

顧客サービス向上をめぐって意見が激しく対立した問題は、必ずコンシューマーサイエンス会議にもち込まれた。私たちは会議での話し合いを通して、どんなに経験豊かな人材や上級の人材であっても、自分の経験や知性だけでは、顧客の求めるものや欲するものを理解することはできないのだと学んだ。

どんな結果が得られるかについて意見が割れたままテストを強行することもままあった。なかでも議論が最も白熱したのが、「見たい映画リスト」機能、通称「キュー」に関する問題である。データを見る限り、顧客はキューを気に入っていた。ネットフリックスのブランドを構築し、顧客定着度を高めるのに大いに役立った機能だ。だがストリーミング配信への転換により、キューは必要でなくなった。今では見たい人は誰でも同じコンテンツを同時にストリーミングできるのだから。では、顧客に愛されたこの機能を廃止すべきだろうか？　意見は真っ二つに割れた。

私たちはデータに基づく議論を極力心がけた。調査の結果、キューの廃止に断固反対しているのは、比較的小さな消費者セグメントだとわかった。だがA／Bテストの結果は、キューを廃止しても、顧客の定着率や映画・番組の視聴本数、その他の信頼できる顧客満足度の指標に目立ったちがいが生じないことを示唆していた。私たちは廃止する決定を下した。それによって解放されるシステム能力を、ストリーミングの質の向上にふり向けることができると判断したからだ。廃止直後は少数の熱心なファンから激しい抗議を受けたが、やがて変更は受け入れられた。

スティーブ・マクレンドンが、もう一つの意外なテスト結果のことを思い出させてくれた。それは会員登録のプロセスに関するもので、テスト結果に彼は唖然としたという。ネットフリックスではこのプロセスに関するテストを常時行っていたが、このときのテストはとくに議論を巻き起こした。初期登録の際にクレジットカード情報の入力を不要にすれば、無料お試し体験の登録者数を増やし、ひいては加入者数も増やすことができるという仮説を検証するテストだ。スティーブは加入者数が劇的に増えるはずだと強く主張した。だがテスト結果は惨憺たるもので、加入者数はいきなり半減した。彼は驚きのあまり、テストのやり直しを検討したほどだ。だが会議で結果を議論するうちに、皮肉にも、顧客の手間をとり除くはずが、登録プロセスを二度も行わせることで、かえって手間を増やしていたことに気づいたのだ。

私心のない人という評判を得よう

マネジャー同士が何かと激しく張り合っているという話を、私はいつも経営陣に聞かされる。事業の重要課題についてオープンな議論を行おうものなら、必ず無益な口論や内輪もめにエスカレートするというのだ。たしかに、もしもあなたと私が何かの問題で意見が合わず、長く激しい口論になったとき、あなたが自分のエゴや部署のために自分の考えを押し通そうとしていると思えば、きっと私はあなたをうまい手で出し抜こうとするだろう。だがもしもあなたが会社のため、つまり顧客のために戦っていると思えば、あなたの話を聞こうという気になるだろう。コンシューマーサイエンス会議では、みんな人間だからつい熱くなってしまい、堂々めぐりの議論になることが多かったが、そんなとき必ず冷静な人が口を挟んだ。「それで、これのどこが顧客のためになるんだ?」。かくして脱線が避けられた。

私心のないことをわかってもらうには、問題解決に役立ちそうなほかの人の意見を積極的に認めるのもよい。リードはこの点でもうまい手本を示した。

ジョン・シアンクッティが話してくれたエピソードがとくに印象的だ。DVD宅配時代にキューが必要だった理由の一つは、在庫を管理し、顧客にDVDをできるだけ早く届けることが、とても困難な課題だったからでもある。毎日数百万枚のDVDが出入りしていて、うちの出荷数はアマゾンより多かった。それにもちろん、DVDを出荷する能力だけでなく、返送されてきたものを受けとり、再びすばやく出荷する能力も構築する必要があった。なかでもとくに厄介な問題が、特定のタイトルが特定の配送センターに滞留しがちなことだった。ジョンはこの問題を解決するためのアイデアを提案した。「なぜ滞留が起こるかについて、僕なりの仮説を立てた」と彼はいう。「でも別々の機会に2回提案したが、賛同は得られなかった。ほかのあらゆる方法を試した末、ずいぶんあとのミーティングで、リードが参ったというふうに両手を挙げていった。『それじゃ、シアンクッティのアイデアを試してみるか』って。僕はびっくりして『え、どのアイデア？』と聞き返した。本人はもうすっかり忘れていたのに、リードは覚えてくれていたんだ」。チームがアイデアを試したところ、うまくいった。リードはジョンのアイデアをじっくり聞き、しっかり理解していたからこそ、発案した本人が忘れたあとでも思い出すことができたのだ。ジョンはいう、「彼はいつもそうやって敬意を払ってくれる。誰もいいと思わなかったアイデアにも耳を傾けてくれたんだからね」

またこのエピソードからは、熱心で私心のない議論においても、よいアイデアが却下される場合があることがわかる。そういう意味でも、どんなに説得力のある、事実に基づく議論もまちがっている可能性があることと、「事実に基づいている」からといって「真実」とは限らないことを理解するのは重要だ。また一度出した結論を見直すことの大切さも教えられる。議論し尽くしたと思っている結論を見直し、一から議論し直さなくてはならないことがよくあった。

自分のやりたい議論を企画する

あるときマーケティングとコンテンツの責任者が、顧客に対する考え方のちがいから激しく対立した。どちらの責任者もとても勝ち気で、どちらも十分な根拠をもっていたから、本格的な諍《いさか》いに発展しかけていた。リードは見事な采配を振った。舞台上に2脚のイスを向かい合わせに並べ、そこに二人をすわらせて、経営陣の見ている前で議論させた。斬新なのは、それぞれに相手の立場で議論をさせたことだ。議論するために、双方が相手の考えをしっかり理解する必要があった。

リードはこの方式の議論を、プロダクト開発チームに定期的に行わせた。月に一度ネットフリックスシアターでミーティングを開催し、全員がフォーラムのように長イスにすわった。リードは前もって数人に声をかけ、自分とは異なる立場から問題を議論する準備をしてもらった。エリック・コルソンはこう語る。「議論が十分検討し尽くされて、みんなが『そうだ、それをやるべきだ』と思っているところに、リードがいうんだ。『それじゃ君、反対意見を挙げてくれるかい?』。そして反論を聞くうちに、またみんながうなずきながら『そうだ、絶対それをやるべきだ!』と思う。難しい問題は多面的に考える必要があることを学んだ」

またこのミーティングでは、チームが3、4人の小集団に分かれて、問題にどのようにとりくむべきかを話し合い、解決策を発表した。専門家が固まらないように分散し、意見を左右したり、専門外の人の意見を閉め出したりすることのないようにした。小集団に分かれることにはいくつかメリットがあった。大きな集団につきものの集団思考（グループシンク）を避けることができたし、全員が発言せざるを得なくなった。少人数のなかで黙っているととても目立つのだ。このミーティングは、ほかの作業グループの人たちの人となりや考え方を知る機会にもなった。また専門知識の罠を避けることもできた。エリックいわく、「専門家の弱点は、現状の制約に縛られすぎることだ。新鮮な目で問題をとらえられる人が、無知ゆえに制約をすり抜ける方法を見つけることがある」

あなたも有意義な対話を企画することができる。少し時間をとってやり方を考え、誰かを負かすことではなく、顧客と会社にとって最高の解決策を求めることが議論の目的だと、明確に打ち出す。そのためには、背景や状況をはっきりさせることが肝心だ。つまり、集団としてこれから何を決定するのか、なぜ対話を行うのかを明示する。議論が脱線したり、どうしても主張を譲らない人が現れたりしたら、「どんな問題を解決しようとしているんだっけ？」「そう考えるようになった根拠は？」などと誘導しよう。

議論がこれらの基準に従って行われ、秩序が保たれるように図るには、人前で行うのが一番だ。一般に経営陣は意見の不一致を表に出さないものだが、そうした不一致こそ、従業員が理解し、意見を述べるべき重要なことなのかもしれない。フォーマルな議論を通じて、優れた議論の模範を示すこともできる。もちろん、人前での議論が苦手な人もいるだろう。そういう人は議論に負けることが多い。公衆の面前で、とくに問題解決やデータの扱いに長けたかしこい人たちの前で負けを認めるのはとてもつらいことだ。だが誰も死にやしないし、たいていの場合最良の決定が下されることを、そのうちみんな理解する。

それに従業員にとって、社内の最高の人材や最優秀な専門家が、会社の最も差し迫った問題を議論する様子を間近で見て、その議論に参加することに勝る学習機会や成長機会があるだろうか？　優秀さとは何か、優れた議論とはどういうものか、強力な主張を行うには何が必要かを従業員に見せつけ、才能あふれる人材を発掘する機会にもなる。

カルチャーデックでは、ネットフリックスが採用し昇進させる人材に求める重要な資質として、「優れた判断力」を挙げた。曖昧な状況で適切な決定を下し、問題の原因に深く切り込み、戦略的に考え、その考えを明確に表明する能力だ。このスキルを磨くには、こうしたオープンで活発な議論に参加するのが一番だ。また私たちが求めるもう一つの重要な資質、「勇気」を磨く機会にもなる。自分の意見に耳を傾けてもらえ、自分にも貢献ができるとわかれば、思い切って発言できるものだ。

スティーブ・マクレンドンはオープンな議論の利点について、もう一つすばらしい指摘をしてくれた。多くのマネジャーが扱いに悩む若者たち（あの厄介なミレニアル世代）は、こうした透明性や、自由に質問できる機会を好むのだという。

スティーブはネットフリックスを離れ、のちに同じく元ネットフリックス社員のジョン・シアンクッティと、公共ラジオ局ＮＰＲの『プラネット・マネー』で司会を務めたスティーブ・ヘンとともに、ユーザーの好みに合わせた音声コンテンツをストリーミング配信するスタートアップ、60ｄＢを立ち上げた。スティーブ・マクレンドンとジョン・シアンクッティは、以前ネットフリックスからほかの会社に移ったとき、質問とオープンな議論を奨励するネットフリックスの方式をとり入れようとして、経営上層部の抵抗に遭ったという。他社に移ったほかの元ネットフリックス社員からも、そういう話をしょっちゅう聞く（ちなみに私は、別の２人の元ネットフリックス社員が移った会社のＣＥＯに相談されたことがある。彼は２人に質問をぶつけられた苛立ちを隠せず、「あのいまいましいネットフリックスの野郎どもは何でも知りたがる！　あいつらの知ったことじゃないのに！」と息巻いていた）。スティーブは上司に、従業員の面前で議論するのはよくない、「親の喧嘩を見せられるようなものだからだ」と諭されたが、「若い社員を管理するには、旧態依然のトップダウン方式より、ネットフリックス文化の方がずっと適していますよ」

と反論したそうだ。彼らが興した会社では、スタートアップによくあるように、とても若い人材を多く採用している。若者たちが事業の全貌を学ぶことにとても熱心で、透明性の高い文化を好むことにスティーブは気がついた。未来をつくるのは若者であり、彼らの知識欲を活用する方法を考えることは、すべてのビジネスリーダーの利益になる。

コンフリクト解決やマネジメントの講座などの一般的な従業員開発の手法は大して役に立たないと、前に指摘した。そうした研修で学べることは、経営判断に関する議論に参加して得られることとは比ぶべくもない。交渉術のセミナーで一日を過ごすのと、全社ミーティングで――何のとがめも受けずに――厄介だが理にかなった質問を上級幹部にぶつけ、解決すべき問題についてマネジャーと真剣に議論をして過ごすのと、どちらがいいか従業員に選ばせてみよう。セミナーを選ぶ人がたった1人もいないことは、私が保証する。

まとめ

▼経営判断をめぐる白熱したオープンな議論に参加するのは、チームにとってス

リリングな体験だ。チームは分析力を最大限に発揮してこれに応えるだろう。

▼議論のルールを明確に定めておこう。参加者はしっかりした主張をもち、その根拠を提示できるようにしておく。憶測ではなく事実に基づいた議論を展開すること。

▼参加者はお互いの見解や議論されている問題について、憶測するのではなく、直接説明を求めよう。

▼議論では私心をもたず、必要とあれば自分の主張を捨て、議論に負けたことを率直に認めよう。

▼議論を企画しよう。参加者に人前で意見を表明させる。舞台上で行ってもいい。逆の立場から議論させ、自分の主張の穴を見つけさせるのもいいだろう。十分な準備をしてのぞむフォーマルな議論が、画期的な発見につながることもある。

▼事実に見せかけたデータに注意しよう。優れた結論を得られるかどうかは、データの質にかかっている。人は自分の先入観を裏づけるようなデータに目をとめる傾向にある。厳格な科学的基準を満たすデータだけを採用しよう。

▼議論は小集団で行うのが一番だ。誰もが遠慮なく発言できるし、黙っているととても目立つからだ。また大人数で行う場合より集団思考に陥りにくい。

考えよう

●チームが今とりくんでいる課題や、これから下そうとしている決定に、フォーマルな議論で話し合えるようなものがあるか？

●事実に裏づけられた主張を行うというルールのもとで、チームの誰かがあなたより説得力のある主張をしたら、あなたは潔く負けを認められるか？

●自分の見方にとらわれている人に、チームの前で逆の立場から議論してもらえないか？

●強力な結論を導くデータを得るために、アイデアを正式に検証する場を設けられないか？　そのために必要な手段をチームに提供できるか？

●よく知っていて解釈する方法がわかっている情報以上のものをデータから引き出せるよう、チームを指導できないか？　あなたやほかのチームメンバーは、先入観をもとにデータを取捨選択し、解釈していないか？

●若手を上層部の議論に参加させてはどうか？　あなたやほかのチームリーダーは、議論に参加する方法を指導できるか？

●チームの重要な決定や、チームがとりくんでいる問題の解決策を発表する場を定期的に設けられないか？

第5章　未来の理想の会社を今からつくり始める

――徹底して未来に目を向ける

イラク戦争の際、当時国防長官だったドナルド・ラムズフェルドは、戦争中のアメリカ軍のパフォーマンスについて聞かれ、こう答えた。「戦争は手もちの部隊で戦うものだ。将来こうあってほしいと思う軍隊で戦うわけではない」。だが私は優れたチームづくりについてマネジャーと話す際、これとは正反対の方法でとりくむようアドバイスしている。将来こうあってほしいと思うチームをつくる人材を、今から採用しましょう、と。

こと製品開発や競争環境の未来に関しては、的確に見通すことのできるリーダーが多い。市場の需要を予測し、適切な製品を適切なタイミングで市場に届けるために、不断の努力を続けているからだ。しかしそんなリーダーたちも、「この先どんなチームが必要になるか」という観点から将来を考えることはめったにないようだ。今のチームが何を達成しているか、これ以上何ができるかにしか目が向いていない。将来のチームについて考えたとしても、人数のことしか頭にない。あと10人エンジニアが必要だ、営業部隊を倍増しなければ、など。

先日、従業員150人の会社のCEOから電話をもらった。これから人員を300人に増やそうと思っているが、どうすればいいだろうという相談だった。優れた製品をつくる優れた会社で、資金は潤沢にあり、急成長が約束されている。問題はどうやって成長するかだ。「はっきりした数字ですね。根拠は何ですか？」と尋ねると、業務量を2倍に増やすつもりだという。私は矢継ぎ早に質問をした。新規に採用する人たちには、今いる従業員と同じ仕事をさせるつもりか、それとも新しい仕事があるのか？　新しい製品やラインを立ち上げるのか？　チームを拡大するなら、経験を積んだマネジャーが必要になるのではないか？　あるいはチームは少人数のまま、フラットな管理体制を維持するのか？　2倍の業務量というのは、2倍の顧客を獲得するつもりか？　それならカスタマーサービス部門の大幅な拡大を急がなくては。だが単純に担当者を2倍に増やす必要はないし、専門会社に委託するという手もある。それから私はいつものように、相談者に思考を促すための質問をした。「新しい人材を150人雇うより、2倍の経験を積んだハイパフォーマー

75人を、2倍の給与で雇った方がよくないかしら？」

頭数《あたまかず》をそろえればよいというものではない

将来を見据え、この先必要になるチームをつねに思い描かなければ、ゼロサムの人材争奪戦は避けられない。私の経験からいうと、だいたい次のようなことが起こる。

どこかの部署のトップが電話で増員の承認を求めてくる。私が「わかったわ、経営会議に諮《はか》りましょう」と答えると、10分後に彼がやってきて訴える。

「いや、君はわかっちゃいない。うちの部にもう15人必要になったから、今すぐ財務と話をつけなければ間に合わない。どうしても必要だから、予算を要求して、今すぐ採用するぞ！」

そこで私は答える。「わかったわ、1人15万ドルかける15人ね。それって200万ドルを超えるけど、あなたの部の予算に入っていない。念のためいっておくと、うちにはお金のなる木はないし、200万ドルは降ってこないから、よその部からもらうしかない。まさか3人必要なところを10人だなんて吹っかけてないでしょうね？」

予測を見直してみると、必要な人員の10〜15％増しの予算を要求されていた、なんてことが何度あったかしれない。

また一方で、突然必要が生じたからといって、性急に人材を採用するのも問題だ。そんなとき私は、「去年あなたが採用した人たちのことを考えて。1四半期で20人採用したけれど、急ぎすぎて仕事内容に合わない人を5人採用してしまったわよね」と諭している。

また、慎重に選ぼうとしたが、人材のパイプラインができていなかったために、必要な期限内に適切な人材を必要な人数だけ確保できず、プロジェクトの延期を余儀なくされたこともあった。優れた人材を採用する能力を構築することができれば、大きな強みになる。

今のチームがこの先必要なチームになると期待してはいけない

チームづくりで犯しがちなもう一つのまちがいが、今の人材が成長して将来必要な職務を担えるようになると思い込むことだ。これはとくにスタートアップにとって深刻な問題だ。創業者は草創期のチームに強い愛着を感じていることが多い。私がスタートアップの創業者に、会社が成長して業務内容が激変したら、今の従業員の多くはやっていけなくなると指摘すると、たいていこんな返事が返ってくる。「でも彼らが好きだし、みんな一生懸命やっていて、本当にいいやつらなんだ！」。だが考えなくてはいけない。今より大きな規模で仕事ができるだろうか？　今彼らのやっている仕事はこの先も必要なのか？　必要でなくなったら、彼らをどうするつもりなのか？

これはスタートアップにとって深刻な問題だが、新旧問わずどんな会社にも起こり得ることだ。めまぐるしいイノベーションが起こっている今日の事業環境では、この種の失敗は許されない。

私はネットフリックスで厳しい経験を通してこの教訓を学んだ。ネットフリックスが今後1年以内に、アメリカのインターネット・トラフィック全体の3分の1を占有するようになると突然気づいたあのとき、帯域を増強するための新しい計画をただちに策定する必要が生じた。

あのミーティングが終わったとたん、プロダクト責任者が駆け寄ってきて、クラウドサービスの立ち上げについて、今すぐＩＴ部門に話をしに行こうといった。ＩＴ担当者は、「勝手にやらせてくれれば、うちでクラウドをつくるけど？　それならできるよ」というので、私はこう返した。「たしかに、それができる人がいるとすれば、あなたたちをおいてほかにはいない。でも9か月間ではできないでしょう?」

この時間的制約から逆算して、どんなチームが必要かを考えることがカギだった。これを社内で真剣に討議した結果、今のチームとは大きく異なるデータチームが必要なことがすぐ判明した。だがさいわい、「大丈夫よ、チームづくりには6か月か9か月かけられるから」ということもできた。そしてそれを実行した。つまり、自前のシステムを構築する代わりに、クラウド業務の経験豊富な人材を採用し、アマゾン ウェブ サービス(AWS)と契約を結んだのだ。

私の経験からいうと、ビジネスリーダーがいつも考えていなくてはならない最重要事項の一つは、「今のチームが理想のチームでないことが、私たちの足かせになっていないか?」である。

6か月先を考える

やがて私はこの課題に対処するための方法を編み出した。コンサルティングを行う際、相手の会社に必ず次のエクササイズを行ってもらう。「今から6か月後、あなたは史上最高のチームを指揮し、心の中で考えています。『いやあ、すばらしい人材がそろったものだ！　信じられないほどの業績を達成しているぞ』」（なぜ6か月後かというと、今日の事業環境ではそれ以上先を見通すのは難しいからだ）

続いて、このチームが今はまだ達成していないが、6か月後に達成しているはずのことを書き出してもらう。具体的な数字を挙げるとなおいい。今よりXドル多い収益、バグの少ないソフト、4日間で決算を完了する、など。そして頭の中で、自分たちがそれを達成する様子を記録したドキュメンタリー映画を製作してもらうのだ。あなたは社内を歩き回り、すばらしいチームがすばらしい業績を達成するのを見守っている。すばらしい新製品の試作品がつくられるのを見ているかもしれないし、ピカピカの新しい倉庫を歩き回って、最新のスマートテクノロジーによって今の倍量の製品が出荷されるのを眺めているかもしれない。

さて次に、ここが肝心なところだが、頭の中の映画での仕事のやり方が、今のやり方とどうちがうかを考えよう。今より会議が多いのか、少ないのか？　侃々諤々の議論を行っているのか？　今より迅速に意思決定を下しているのか？　誰が意思決定を行っているのか、いないのか？　今より多い人員が、それぞれの小さなスペースで黙々と集中して仕事をしているのか、それとも社内のあちこちで数人が集まり、何かをホワイトボードに書き殴っているのか？　ほかの部署との連携が増えているのか？　協力して問題解決にあたっているのか？　このエクササイズをクライアントとやるときは、必ず目を閉じて想像してもらう。彼らが頭の中で社内を歩き回る様子が、私の目にも見えるような気がする。

そしてこう尋ねる。「さて、映画のシーンを現実のものにするには、従業員がどんなスキルをもっている必要がありますか？」。たとえばそれは、思い切って発言する、議論に勝つ、といった単純なことかもしれないし、黙って人の意見を聞くことかもしれない。節度のあるコミュニケーションを心がけることかもしれない。あるいは新しい接続機器の製品ラインを立ち上げられる人材や、特定の契約交渉のノウハウをもつ人材を採用する必要があるかもしれない。チームが今想像したような方法で仕事をし、達成すべきことを達成するには、どんなスキルや経験が必要だろう？

このエクササイズをすると、今のチームが今後予想される変化の多くに対応できないことが、往々にして露呈する。ハードスキルが足りないこともあれば、優れたマネジャーになるためのソフトスキルや経験が不足していることもある。ここで問うべき重要な問題は、

「キャパシティビルダー、すなわちチームの能力を高めるスキルをもつ人材が足りているか」ということだ。この能力に優れた人材を集めることが、ネットフリックスでの私の主な仕事だった。彼らはどのようなチームが必要かを理解し、必要に応じてチームづくりを進めてくれる。

事業規模を2、3倍に拡大するときの業務上、管理上の変化なら、どんなレベルのどんなマネジャーもたいていい想像できるだろう。複雑な状況を理解するのが得意な人なら、さらに大きな拡大を思い描けるかもしれない。だが段階的な成長しか経験してこなかったチームが、1年で業務規模が10倍になるような激変に直面したらどうなる？　たぶん、変化に間に合うように組織を変革することはできないだろう。予想されるペースに合わせて組織を成長させることのできる人材が、なんとしても必要だ。それにビジネスモデルを刷新する場合はどうだろう？

こうした質問を検討したあとで――けっして検討する前にやってはいけない――チームの現状を改めて見直してみよう。この手順を踏むことで、今のチームがもっているスキルと経験を、よりはっきりと理解できる。チームに不足しているか欠けているノウハウを正確に把握し、どの分野で優れた人材を採用する必要があるかを知ることができる。

問題は、ほとんどの人が今のチームを出発点として、まだまだやれる、きっとすばらしい業績を達成できる、と考えることにある。実際には、今のチームから出発すると、おそらく今よりよい成果は挙げられるだろうが、驚くほどの成果を挙げられる保証はない。それよりも、将来のビジョンを出発点として理想のチームをつくる方がいい。どんな問題をいつまでに解決したいかをはっきりさせ、そのために必要な人材とノウハウを洗い出し、それから考える。「新しい状況に対応できるチームをつくるには、どんなことができる体制を整え、どんな人材を採用する必要があるのか?」

会社はチームであって家族ではない

リードと私は、ネットフリックスが必要な速度で変化し続けるためにはどんな文化を形成する必要があるかを考えるうちに、経営陣がチームをたえまなく進化させるつもりでいることを、全員に周知させることの大切さを痛感した。

そしてこれを説明するために、「会社は家族ではなく、スポーツチームだ」という比喩を使った。優れたスポーツチームがつねに最高の選手をスカウトし、そうでない選手をラインナップから外すように、ネットフリックスのチームリーダーも継続的に人材を探し、チームを組み換えていかねばならない。そして、「会社が成功するためには、チームがどんな業績を挙げる必要があるか」ということだけを考えて、採用と解雇の決定を下すよう義務づけた。今の人材を、新しい職務にとりくめるように育成し教育するのが得策と考えるなら、経営陣はそれを全面的に支援し、マネジャーが必要なスキルを学べるよう手を差し伸べる。他方、必要なスキルを備えたハイパフォーマーを採用することが最善の選択肢だと思うなら、たとえそのせいで今のメンバーを解雇することになったとしても、真剣に検討してほしいと要請した。

人材を育て、伸びしろを見きわめる能力は、チームリーダーに欠かせない。私はいつも従業員の隠れた才能を伸ばしてやれないだろうかと考え、チームリーダーたちにもそうすることを求めた。才能が誰の目にも明らかなこともあれば、本人でさえ自覚していないこともあった。

ロシェル・キングはまさに後者の人材の典型で、会社が切実に必要としていた重要な才能をもっていたが、本人はそのことを自覚していなかった。彼女はデザイナーであり、デザイナーを束ねるスキルももっていて、うちのデザインチームが苦境に陥っていたときに責任者として迎えた。ロシェルは瞬く間にチームの調子を上げて、低調なチームをうまく機能させる才能を見せつけた。そこで彼女が入社してから9か月経ったとき、ほかの2チームの統括も任せたいと頼んだ。拡張メタデータとコンテンツ管理という大きなチームで、彼女にとってはどちらも専門外の分野だ。彼女は「こういうチームを運営した経験がないのは知っているでしょう?」といったが、彼女が腹をくってとりくみ、すばらしい仕事をしてくれるはずだという確信が私にはあった。とはいえ、この仕事を彼女に任せるのは賭けだということを、私たちはお互いに認識していて、それを隠すこともなかった。

エリック・コルソンも、リードに新しい大きな仕事を頼まれたときのことを話してくれた。それは一般データチームを統括する仕事で、3回断ってからようやく引き受けたのだそうだ。それまで彼はオペレーションシステムを改善するアルゴリズムを書き、華々しく活躍していた。だがこの仕事はまるで勝手がちがった。なにしろ大規模な全社的チームを統括し、リードに直接報告することになる。自分はまだそんな器ではないと思ったが、リードは彼が適任だと確信していた。エリックは見事に期待に応えた。

昇進は従業員に、自分自身を伸ばし、新しい役割を担う機会を与える。この狙いがあたることもあるが、つねに最善の選択肢とは限らない。部下がどれだけ業績を伸ばせるか、必要な期限内にそれを達成できるのかを現実的に判断してほしいと、チームリーダーに伝えた。

ネットフリックスでは社内の人材を登用すべきか、社外からハイパフォーマーを連れてくるべきかを判断するための目安を設けていた。「この仕事をするためには、社内で誰ももっていない専門知識が必要か、それともこれはうちがイノベーションを牽引している分野の仕事なのか？」。たとえばクラウドサービスに関しては、うちよりも優れた専門知識が社外にあったから、外から人材を引っ張ってくる方がずっと効率的だと判断した。データアルゴリズムの開発に関しては、うちがイノベーションの最先端にいて、エリックという第一級の人材が社内にいた。ほかの職務に関しては、社外から人材を採用しなければ、私たちはきっと躓《つまず》いていたにちがいない。

昇進させることが正解とは限らない

私が企業の経営者やチームリーダーに与えるアドバイスのなかで、おそらく最も受け入れがたいのは、「会社は、顧客を喜ばせる優れた製品を時間内に提供できるように努めることを除けば、従業員に何の義務もない」というものだろう。従業員に能力を超えた仕事や才能と合わない仕事を引き受けるチャンスを与える義務はない。長年の貢献に報いるために別のポストを用意する義務もない。彼らに遠慮して、会社の成功に必要な人事変更を控える義務も、もちろんない。無情だと思われるのはわかっている。会社は従業員の能力開発に特別な投資を行い、キャリアパスを提示し、高い定着率を維持するために努力するものだという考えが染みついているからだ。でもそんな考えは時代にそぐわないし、従業員にとってもベストでないと、私は考えるようになった。そういうやり方では、従業員は意に添わない職務や、自分の思っているほど——または上司に求められるほど——うまくできない職務に縛られて、社外によりよい機会を求められないことが多いのだ。

チームリーダーにとって、部下を新しい職務に昇進させ指導することは、とてもやりがいのあることだし、業績にとってもプラスになることがある。だが部下の登用や能力開発が、チームの業績にとってベストな選択でないことも多い。マネジャーにキャリアプランナーの役割を期待してはいけない。変化のめまぐるしい今日の事業環境でその役割を演じようとするのは危険である。

ネットフリックスの採用面接では、うちはキャリアマネジメントの会社ではない、キャリアマネジメントはあくまで従業員自身の責任だ、社内に昇進の機会はたくさんあるが、会社として従業員のためにキャリア開発をすることはないと、はっきり伝えた。一般に企業では、「ある従業員に職務のすべてを遂行する能力がないため、職務の半分だけを任せている」ということがよくある。ネットフリックスはそんなことをしている余裕がなく、職務のすべてを任せられる人材が必要だった。また成績がよいというだけの理由で、マネジメントの適性のない人材を管理職に昇進させるという、ありがちなあやまちを犯すまいと誓った。

会社の成長期には、今いる従業員を新しい職務に昇進させられる機会がたくさんできるものだ。だが非常に優秀な人材であっても、その人を昇進させるにふさわしいポストがない場合も多い。ネットフリックスでは、従業員を登用できそうなポストに空きが出たときでも、その職務ですでに優れた実績を積んでいる人材を外から迎える方がずっとよいと判断することが多かった。

一方、社内で得られない職務や、会社にとって重要でない職務を強く望む従業員には、社外で機会を見つけるように促した。また従業員に、他社の面接を定期的に受けて、ほかにどんな機会があるかを見定めた方がいいと勧めた。そうすることで私たちも、彼らにどれだけ需要があるのか、どれくらいの報酬を支払うべきかを、より正確に知ることができた。柔軟なチームづくりは、従業員と会社の双方にメリットがあるのだ。

今日のすべての働く人たちに私ができる最良のアドバイスは、つねに柔軟性を保ち、新しいスキルを学び、新しい機会を検討し、折あるごとに新しい課題に挑戦して、新鮮な気もちで自分を伸ばしながら働けるようにしよう、ということだ。ネットフリックスでは、自分の成長には自分で責任をもち、輝かしい同僚や上司から学ぶ多くの機会を活かして、社内で昇進するなり、社外のすばらしい機会をものにするなり、自分の道を切り拓いてほしいと促した。

スタートアップ創業者の目線で考える

この考え方が受け入れがたいものだということは承知している。それも当然だ。従業員に対する会社の責任について、私たちはまったくちがうことを教えられてきたのだから。

この傾向は、私がアドバイスすることの多い、スタートアップの創業者にとくに強いように思われる。製品開発の初期段階に必要とした人材や仕事のやり方が、会社を成長させるために必要な人材や能力と大きく異なるというつらい現実を、彼らは必ずといっていいほど突きつけられる。会社の草創期に必要なのは、限られたお金で雇うことのできる最高の人材で、身を粉にして働き、ビジョンに共鳴してくれる人たちだ。共鳴はとても大切だ。どんなスタートアップも、ばかげたアイデアから始まるのだから。理にかなったアイデアなら、誰かがすでに実行に移しているはずだ。スタートアップが初期に成功を収めるには、ありとあらゆるまちがいを犯し、ありとあらゆることを精力的に試して、成功する製品とそれを受け入れる市場を見つけなくてはならない。どんな答えが見つかるかはわからないし、ほとんどの仕事はその場その場で臨機応変に対処する。

その後いきなり本格的な成長が始まり、試行錯誤では解決できない、経験を必要とする問題が生じる。規模と複雑さに関わる問題だ。ときには草創期のメンバーが変化にうまく対応して、そうした問題の解決に必要なスキルを開発できるラッキーな場合もあるが、多くの場合、メンバーはその能力や意欲をもっていない。

ほとんどの企業が程度の差こそあれ、つねにこの問題にぶつかっている――変革が必要だということ、そしてそのために新しい人材が必要だということを受け入れる、という難題だ。この考え方が受け入れがたいという人は、自問してほしい。「もし自分がスタートアップの創業者なら、この問題にどう対処するのが正しいだろう？」と。あなたの考えが、彼らの考えとちがっている必要がどこにある？

ノスタルジアは危険な兆候

リードと私が「会社は家族ではなくチーム」の比喩を使うようになったのは、会社がつねに変化にさらされているなかで、血気盛んだった古きよき時代を懐かしむ気もちが、強力な抵抗を生むことに気づいたからだ。

ノスタルジアをもつのも無理はない。ネットフリックスの草創期は本当に楽しかった。打ち解けた雰囲気で、駐車場にピクニックテーブルを広げて全社会議をしていたほどだ。それに私たちはクールな業界の勝ち気なスタートアップだった。サンダンス映画祭に繰り出しては、新進の映画監督によるエッジの効いた映画を発表した。ある年に、クチコミで人気の出たどぎついブラックコメディ、『スパン』のディレクターズカットを上映したときの懐かしい思い出を、テッド・サランドスがうれしそうに語ってくれた。これはオレゴン州ユージーンのドラッグ社会を舞台に、依存症の危険を残酷なまでに生々しく描いた作品だ。こうしたきわどい映画のエッジーな理解者であることが、ネットフリックスのDNAであり、多くの従業員の誇りだった。

ストリーミング配信への転換を図ったとき、私たちは突如テレビのあり方を変える存在になった。超ヒップなインディー映画会社ももはやこれまでか、と多くの人が思い、がっかりした人たちもいた。もちろん、その後オリジナルコンテンツ制作を始めると、テレビへの進出によってネットフリックスの先鋭的精神が失われたりしなかったことが、誰の目にも明らかになったのだが。『オレンジ・イズ・ニュー・ブラック～塀の中の彼女たち』や、郊外に住む既婚女性がじつは食人鬼だったという『サンタクラリータ・ダイエット』のような作品は、ネットフリックスが今も新境地の開拓に情熱を注いでいることを証明した。

草創期の成功を支えた柱は大事にすべきだし、会社が順応し成長してもそうした要素をもち続けることはできる。だが変化への抵抗感を生むノスタルジアは、不満をかきたて、成長を阻むことが多い。

ネットフリックスの初期の時代に、創業時からいたエンジニアにいわれた。

「みんなで駐車場でたむろして、みんなで製品をつくっていたあの頃とはもうちがうんだ。

今はお互いの名前も知らないじゃないか。こんなに大きくなって、何もかもが変わってしまったことを、経営陣はわかってるんだろうか」

私も経営陣の一人だったから、私たちもそのことは重々理解していると請け合った。彼がいつも同じ不満をこぼし、変化を腹立たしく思っていることがわかったから、あるとき聞いてみた。

「ねぇ、なぜものごとが変化しているか知ってる?」

彼は答えた。「どうしてさ?」

「そりゃ、成功しているからよ! 私たちが何をめざしているか知ってる? 〝グローバル企業〟になることよ!」

筋金入りのスタートアップ野郎にはショッキングな言葉だったにちがいない。特定の成長段階の組織に向いている人や、それを好む人は、その時期の組織に特有の課題や環境をもつ別の新興企業に移った方がいいのかもしれない。私も彼にいった。

「いいのよ、それにつき合う義理はあなたにない。あなたは50人規模の組織で働く方が向いていて、幸せなのかもしれない」

このやり方をネットフリックスのチームづくりに導入するには、新しい人材採用方式を開発し、必要な人材を獲得するための強力なパイプラインをもつ必要があった。優秀な人材を採用する能力を全社的に高めることが急務であり、私たちはそれをやってのけた。

まとめ

▼敏捷さを保ち、変化にすばやく対応するために、将来必要になる人材をいま、雇おう。

▼「今から6か月後に高い業績を挙げるために、会社はどう変化していなくてはならないか」を定期的にじっくり考えよう。頭の中で映画をつくり、従業員がどんな仕事をしていて、どんなツールやスキルをもっているのかを想像する。次に、その未来を実現するために必要な変革を今すぐ実行に移そう。

▼人数を増やしても仕事の量や質が高まるとは限らない。人数は少なくても、優

れたスキルをもつハイパフォーマーをとりそろえた方がよい場合が多い。

▼マネジャーは成功しているスポーツチームを手本にしよう。スポーツチームはたえず新しい人材をスカウトし、布陣を入れ替えている。マネジャーの仕事はチームをつくることであって、家族を養うことではない。

▼チームメンバーのなかには、会社がめざす未来に高業績を挙げられるような人材に成長しない人もいる。そうしたメンバーの能力開発に投資するのは会社の仕事ではない。製品と市場の開発が会社の仕事である。

▼業績にとってベストだと思えば、社内の人材を開発・登用しよう。社外から採用した方がよければ、迷わずそうしよう。

▼従業員一人ひとりが自分の能力開発に責任をもつのが理想的だ。これができれば、従業員と会社の双方に最適な成長が望める。

考えよう

●チームメンバー一人ひとりのスキルを、「6か月後に必要になる能力」という点から体系的に評価しているか？

●今後何らかの業務で——たとえばプログラミング、ロボット利用、分野をまたいだ連携、顧客体験の分析と見直しなどで——経験豊富な人材が必要になりそうか？

●チームに優秀な人材を迎え入れたら、たとえそのためにチームの規模を縮小することになったとしても、業績が大幅に向上するだろうか？

●チームに新しい人材を迎え入れればものにできそうな機会はないか？　新しい

またはよりよい製品・サービスの開発に役立つ新技術や、競合企業から奪えそうな市場シェア、成長中の新しい市場など。

●あなたのチームや会社が最先端の技術をもち、第一級の人材によってイノベーションにとりくんでいる分野と、最先端に追いつくために全力を尽くしている分野、新しい人材を投入しなければ追いつかれそうな分野を特定できるか？

●あなたはチームのスキル開発にどれだけの時間をかけているか？　部下の成長ぶりにどれだけ満足しているか？

第6章　どの仕事にも優秀な人材を配置する

──すべての職務に適材を

　ネットフリックスでは人材管理に関して3つの基本方針があった。一つ、優れた人材の採用と従業員の解雇は、主にマネジャーの責任である。二つ、すべての職務にまずまずの人材ではなく、最適な人材を採用するよう努めること。三つ、どんなに優れた人材でも、会社が必要とする職務にスキルが合っていないと判断すれば、進んで解雇すること。

　採用の手腕にかけてはネットフリックス随一だったジョン・シアンクッティが語ってくれた。

「解雇のタイミングを判断することが、会社の求めるスキルをもつ優秀な人材を採用できるかどうかのカギを握る。二つは表裏一体の関係にある。逸材を採用する能力がなければ、いい人たちを安心して放出できない。どっちかだけうまいなんてことはあり得ないし、それじゃ優秀なチームはつくれない」

私たちはこの方針のおかげで、時代に遅れて進化できず苦戦しているチームに足を引っ張られずに、めざす目標を達成するためのチームを、効果的かつ積極的につくることができた。

ジョンはネットフリックスの人材管理方針を完全に学びとり、ネットフリックスを去ったあともコーセラのチームづくりや、現在60ｄＢでとりくんでいる人材採用で、その方針を実践している。彼がオンライン誌『ファーストラウンドレビュー』に投稿した記事、「コーセラはこうしてグーグルやフェイスブックと最高の人材をめぐって競争している」をぜひ読んでほしい［http://firstround.com/review/this-is-how-coursera-competes-against-google-and-facebook-for-the-best-talent/］。彼がこの問題にかけている情熱と、用意周到に開発した手法を知れば、ネットフリックスで採用に関わるマネジャーの多くが、チームづくりの責務に真摯にとりくんでいたことがわかる。

実際私たちは、「優れたチームをつくるのはあなたたちの一番大事な仕事だ」と、マネジャーに口を酸っぱくしていっていた。また私たち人事チームはマネジャーに、社外の人材を探し出し面接する方法や、人材を解雇すべきタイミングを判断する方法、その決定を本人と残りのチームメンバーに伝える方法などを指導した。

そこで働いていたことが誇りになるような会社にしよう

リードが私をネットフリックスに誘ってくれたあの早朝の電話で、あなたはどんな会社をつくりたいの、と尋ねると、君こそどう思う、と聞かれた。私にとって理想の会社とは、初期のアップルやマイクロソフトがそうだったように、そこで働いていたことが誇りになるような会社だと答えた。なぜなら、最高の企業と最高の人材には次の特徴が一貫して見られることを経験上、知っているからだ。最も競争力のある企業は、必要な人材をいつでも積極的に採用することによって、機動性を保ち、変革と成長を続けている。最も優れた従業員は、やりがいのある新しい機会をつねに求め、会社に強い忠誠心をもっているが、いつか社外に機会を求めてやめていくことが多い。彼らがいつ退社を決めるかはわからないし、たいていの場合、説得して思いとどまらせることはできない。

前に紹介したエリック・コルソンは、データアナリストから3年と経たずにデータサイエンスおよびエンジニアリング担当副社長に昇格し、リードの直属の部下として、大規模で非常に重要な四つのチームを統括していた。自分があれほどの責任を、しかもあれほど早く与えられるとは予想もしていなかったと、彼はいう。そうした機会を与えられたことに、当時も今もとても感謝しているそうだ。それに彼は、チームを指揮し、機械学習などの「ビッグデータ」の最先端のツールを応用する仕事を心から愛していた。

それなのにある日彼は、スティッチフィックスという小さなスタートアップで働くことにしたと、私に知らせに来たのだ。データ分析とパーソナル・スタイリングを融合して、顧客にお勧めの服を届け、気に入ったものを買いとってもらうサービスを提供する会社だという。

私は「なにそれ？　洋服を箱詰めして出荷する仕事？」と驚き、思わず「エリック、あなた正気？」と尋ねた。その会社で、ファッション界のネットフリックスをめざすのだと彼はいう。まだピンとこなかったから、なぜ興味を引かれたのと聞くと、彼は突然パッと顔を輝かせ、さまざまな可能性について熱く語り始めた。その様子を見て私はいった。

「わかったわ、あなたデータが大好きなのね」

彼はネットフリックスを去り、スティッチフィックスの最高アルゴリズム責任者として、革新的なアルゴリズムの構築と、機械学習と人間のスタイリストの判断を融合するという斬新な手法の開発を指揮し、会社の急成長を牽引している。

私たちは必要なスキルと経験をもつ優秀な人材を引き留めようとつねに奮闘したが、ネットフリックスは人材市場できわめて熾烈な競争にさらされていて、トップ人材のパイプラインを積極的に構築する必要を痛感させられた。その反面、急速に変化する事業に対応するために、たとえ多大な貢献をした才能豊かな人であっても、もっているスキルが会社に必要でなくなれば、進んで解雇しなくてはならなかった。人事管理に関する最重要課題は、私たちの創造する未来にふさわしいチームをつくることだった。

その意味で、従業員定着率はチームづくりや文化のよしあしを測る指標に適さないと、私は考える。たんに会社につなぎとめている従業員の数だけでなく、必要なスキルと経験を備えた人材の数を示す指標が必要だ。そんな人材を何人確保できているか？　必要なスキルと経験をそなえた新しい人材を何人採用するつもりか？　それに、交代させる必要のある人員を厳しく見きわめているか、その決定を効率的に行動に移しているかどうかも注意深く見守る必要がある。

この考え方をとり入れ、確実に実行することが難しいのは承知している。業績不振者を解雇するだけでもつらいのに、多大な功績を残した人を解雇するのは本当にやりきれない。

だがあなたの会社で働いたことがすばらしい経歴になるとわかっていれば、多少気が楽になる。次のすばらしい仕事を探すとき、そのことは大きな武器になるからだ。

それに、職探しを積極的に支援してやることもできる。会社をやめる人たちが、社外にすばらしい機会を見つけられるように手助けするには、最高の人材だけを採用することに精力を傾けている会社だという評判を築くのが一番だ。マネジャーがこのような方針で採用を行えば、円満解雇の達人になれる。これについては第8章で説明することにして、さしあたっては円満採用について考えよう。

従業員特典がすばらしい仕事をさせるわけではない

企業による従業員特典競争は、ばかばかしいレベルにまでエスカレートしている。数か月前のこと、あるスタートアップの全従業員約100人に話をしてほしいと頼まれた。講演のあとの質疑応答セッションで、1人が手を挙げていった。

「とても大事なことなんで、教えて下さい。ビアサーバーは部署ごとに設置するのと、社内に1台設置するのと、どっちがいいでしょう?」

当時この会社はオフィス中にブランコやハンモックをつるしていた。私は聴衆に向かって答えた。

「いったい何が聞きたいのかしら？　事業がどうやって成り立っているのか、知っていますよね？」

彼が「おっしゃることがわかりません」というので、こういった。

「顧客にサービスを提供すれば、お金がもらえる。そのお金で業務コストをまかない、残りが利益になる、それがビジネスの基本です。ビアサーバーとは何の関係もありません。会社は従業員を楽しませるために存在しているのではありませんっ！」

部屋を見回すと、聴衆は呆然としていた。そこで、従業員を楽しませることには何の問題もないが、従業員と会社の双方にとってベストなのは、優秀な同僚と一緒にすばらしい仕事ができるのを従業員が喜んでくれることだと説明した。

ある役員にこう聞かれたこともある。

「バーテンダーや専属シェフが社内にいないのはまずいですかね？」

もしよい地ビールが飲めるからという理由で別の会社に移りたい人がいるなら、「楽しんでね、そして新しい会社のハッピーアワーに呼んでちょうだい」といって送り出せばいい。

仕事の満足度は、グルメサラダや寝袋やテーブルサッカーの台とは何の関係もない。仕事に対する真のゆるぎない満足感は、優れた同僚たちと真剣に問題解決にとりくむときや、懸命に生み出した製品・サービスを顧客が気に入ってくれたときにこそ得られる。

愛はお金じゃ買えない

やがてネットフリックスは、業界屈指の給与を支払うようになった。グーグルやフェイスブック、アマゾンと最高の技術系人材をめぐって争っていたから、私たちに必要な優れた人材には他社に負けない給与を支払うことが重要だと考えたのだ。だがうちに来てほしいと説得する際、給与の高さをウリにしたくはなかった。ネットフリックスは給料がとてもいいという評判が広まり、それがほしい人材を獲得するうえで役立ったことはたしかだが、候補者がオファーを承諾するだろうと確信できるまでは、お金の話はしないと決めていた。報酬に関する方針は伝えても、具体的な数字は出さなかった。

経験上、面接に進んでまもない段階でお金の話が出るのは、候補者が今の仕事で十分な給与をもらっていないか、もらいすぎていてそれ以上の増額を望めないことを心配しているか、お金だけに関心があって仕事にはあまり熱意がないかのどれかにあてはまる。

私たちは、今十分な給与をもらっていないから安く雇えそうだというだけの理由で、採用を決めることに興味はなかった。また、本気で誰かを採用したいと思えば、それに見合うだけのオファーを出せる自信があった。多くの企業がやっているように、正規分布にしたがう給与に6％の成功報酬と厳格な給与レンジといった、きっちりとした報酬体系を決めていなかったから、必要なだけの金額を自由にオファーすることができた。そんなわけで、最初に金額を話し合うべき理由はなかった。お金にしか関心のない人がいれば、候補から外そうとした。「あなたはうちに合わないと思います。あなたのキャリアのこの時点では、お金を追い求めるのも一つの考え方でしょう。もしそれを望むなら、うちのライバル会社をあたって下さい！」

ネットフリックスにはボーナス制度がなかった。会社を第一に考える一人前の大人なら、年次ボーナスがあるからといって仕事に精を出したり、才能を発揮したりはしない。また私たちは株式による報酬を、ふつうの企業とはまったく異なる方法で扱った。報酬のうちどれくらいの割合をストックオプションでもらいたいかを自分で決めてもらい、その分を給与に上乗せするのではなく、給与から差し引いた。そしてストックオプションを、転職を防止するための「金の手錠」として使うことはせず、権利確定期間を設けなかった。オプションは毎月付与し、長期的な値上がりを期待できるよう、権利行使期間を10年間とした。

ワービー・パーカーのCEOニール・ブルメンタールと話していたとき、経営幹部向けボーナスプログラムを設けることについてアドバイスを求められた。

「株式と現金の組み合わせにしたいのね？」

そうだという。

「会社の目標、チームの目標、部署の目標、個人の目標の達成度に応じて与えたいのね？」

そうだ。

「あなたはこの間、実店舗を増やしたいと話してくれたとき、その戦略が成功する確率は五分五分だっていったわよね。なのに今度は、財務と理事会と株式委員会に説明しなくてはならない、超複雑な制度を設けようとしている。そして同意が得られたら、結果と目標を追跡するソフトウェアを導入する必要がある。その目標が現実的かどうかさえわからないと知っているのに」

彼が「それでも報酬を与えたいんだ」と食い下がるので、私はいった。

「そうね、もし目標を全部達成して何もかもがうまくいったら、大金を払えばいいわ。株式もたんまりね。業績に連動したボーナス制度なんていらない。あなたたちのことはよく知ってるけど、ボーナスプログラムがあるからって、やりたくもないことをやるような人たちじゃないでしょう」

モチベーションは人材濃度と魅力的な課題から

私たちはネットフリックスで働くことの最大の魅力が、優れた同僚とやりがいのある課題にあることに、最初から気づいていたわけではない。しかし人材の濃度を高く保つことに徹底してとりくまなくてはならないことは、ごく初期からわかっていた。従業員には長期的なキャリアについて何の約束もできなかった。そのことはかなり率直に伝えていたが、やがてそれが優秀な人材を集める妨げにならないことがわかった。ジョン・シアンクッティは、経営陣が「従業員にこう思ってほしい」と望んでいたことを見事にいいあてた。

「2001年の大量解雇のあと、社内の人材濃度がすばらしく高まった。経営陣はあの頃から、ネットフリックスはどこに行っても成功できる、高い技能をもったすばらしい人材の集まる会社だ、というようになった。僕も『うちに長期のキャリアパスがあると思ってはいけない』といわれたよ。でも僕にとっては昇進が確約されているより、すごい同僚たちと仕事をして成長できる機会の方が、ずっと重要だった」

才能の多様性

ネットフリックスはつねにグーグルと比較され、同じ人材をめぐって競い合うことも多いが、二社の採用方針は大きく異なっている。なぜなら事業拡大の方法について、まったくちがう考え方をもっているからだ。グーグルは管理職クラスの人材獲得を争う相手としてじつに手ごわかったが、それでも私たちはグーグルにも行けたはずのトップ人材を、数多く採用することができた。その秘訣は、チームづくりと人材管理に関する方針をはっきり打ち出し、グーグルと同じ条件で競おうとしなかったことにある。

私はサン・マイクロシステムズでエリック・シュミットの下で働いていたから、グーグルが、最盛期のサンにどこか似ているのに気がついた。あの頃のサンは、優秀な人材をかき集めるのに必死だったが、グーグルはそれをやるのがさらにうまい。なぜなら「世界中の情報を整理する」という、とんでもなく大きな使命をもっているからだ。それより大きな目標なんてあるだろうか？　だからグーグルにとっては、優秀な人材をできる限り多く採用して、必要な資源がすべてそろった環境に置き、アイデアを山ほど出してもらい、そこから最高のアイデアをすくいとる、という戦略がとても合っている。グーグルのリーダーたちは、事業を推進する戦略をたくさんもっているから、とにかく数を重視する。

これに対して、ネットフリックスでは基本的に一つのことしかやっていないから、その一つのことのなかの職務を果たすための適正なスキルと経験をもつ、適正な人材が必要なのだ。採用プロセスでは候補者にこう伝えた。「もしあなたが精神を解き放って、実現するかどうかもわからない革新的なことを考えるのが好きなら、グーグルが向いていますよ。うちでは一つのことしかやりません。そして一つのプロダクトで顧客を楽しませることに全身全霊を傾けています。だからそれに情熱がかけられないのなら、ぜひグーグルへどうぞ。すばらしい会社ですよ、うちとはまったくちがうだけで」

私は「A級プレーヤー」という言葉が大嫌いだ。まるで職務に最適な人材を選ぶための等級システムがあるとでもいう印象を与えるからだ。人事担当者と話すとき、ネットフリックスはどうやってA級プレーヤーだけを採用しているのかと、いつも聞かれる。「A級プレーヤーだけが住む、知る人ぞ知る島があるのよ」

優れた人材を採用するということは、最適なマッチングを実現するということだ。ある会社のA級プレーヤーは、別の会社に行けばB級プレーヤーになるかもしれないし、その逆かもしれない。人材に高い業績を挙げさせる黄金法則を見出すために、とほうもない労力が費やされ、あの手この手の評価方法が試されているが、そんな一般原則などあるはずがない。ネットフリックスがその時点で行っていた業務で力を発揮できないから、という理由で解雇された人材の多くが、ほかの会社に移り優れた手腕を発揮している。

最適な人材を探すうえで大切なのは、「カルチャーフィット（文化の適合性）」ではない。カルチャーフィットがよい人とは、一緒にビールを飲みたい相手だというくらいの意味しかない。この方法で人材を探すのは、往々にして激しくまちがっている。会社が必要とする仕事に合致したスキルをもつ人材には、じつにさまざまな個性をもった人がいる。

私たちが採用したなかでもとびきり優秀な人材の一人、アンソニー・パークがその好例だ。私たちが連絡をとったとき、彼はアリゾナ州の銀行で働いていた。経歴を見ただけではうち向きの人材には思えなかった。なにしろ彼は「プログラマー」で、「ソフトウェア開発者」ではなかった。それに地味で静かなタイプだから、激論が飛び交うネットフリックス文化でやっていけるかどうか心配だった。彼がネットフリックスの機能を拡張するアプリを開発して自分のウェブサイトで公開し、それを従業員の誰かが見つけたのが、連絡をとったきっかけだった。会社に来てもらい1日かけて面接を行うと、誰もが彼と彼のアプリを気に入った。私の番になって面接を始めると、彼は真っ赤になった。

どうかしましたかと尋ねると、「これからオファーが出るんですよね？」と聞かれた。

「ええそうですよ」と答えると、

「そして大金を払ってくれるんですね？」という。

「あなたは銀行でのプログラミングの仕事をやめて、シリコンバレーに来ることになるけれど、ここで暮らすのはとてもお金がかかるんです。ご家族とすてきな暮らしができるだけの金額を支払うつもりですよ」

呆然としているのでもう一度、どうかしましたかと尋ねると、彼は驚いたようにいった。

「好きな仕事をするのに大金をもらえるんですか！」

この人はあの激しいチームでやっていけるのかしらと、私は内心不安になり、数週間で燃え尽きてしまわないことを祈った。

数か月後、彼のチームの侃々諤々のミーティングに参加した。みんなが激しくいい合っているところに、彼が「あの、いいかな?」と切り出すと、部屋中が静まりかえった。アンソニーは口数は多くなかったが、口を開くと必ずとても切れることをいったからだ。やがて誰もが彼の発言を待つようになり、いつも「くそっ、なんでそれを思いつかなかったんだろう」と思わされた。そんな彼は現在副社長を務めている。組織はいろんなスタイルの人に合わせることができる。カルチャーフィットは双方向に働くのだ。

履歴書に表れないスキル

どこで人材探しをするかに関しては、工夫が必要だった。高度で希少な技術的スキルをもつ人材を探さなくてはならないことがとても多かったからだ。ビッグデータの専門家を探していたときなどは、「ビッグ」が何のことなのか、誰もよくわかっていなかった。履歴書をキーワードで検索するわけにもいかない。うちのリクルーター(人事部の採用担当者)は、膨大なデータを扱う企業にはどんなものがあるかを片っ端から想像した。最初は保険会社やクレジットカード会社がほとんどだった。そのうえリクルーターには、候補者の技術的スキルを測るための知識が不足していた。技術系人材のリクルーターで最も優秀だったのは、ベサニー・ブロスキーだ。彼女はネットフリックスに来るまで技術の知識はゼロだったが、事業を理解し、解決すべき根本問題を見抜く特別な能力に恵まれ、実績の適合性よりも問題解決方法の適合性がカギになることを知っていた。

ベサニーによると、これまでに行った面接のなかで会心のものは、ローレンス・リバモア国立研究所で働いていた原子力科学専門の候補者と行ったものだそうだ。当時ネットフリックスはストリーミング配信を開始したばかりで、まだXｂｏｘ、Ｒｏｋｕ、ティーボの3種類の機器でしか視聴できなかった。ベサニーは面接で候補者にこんな質問をした。

「ネットフリックスはこれらの機器の一つで、30日間で１００万人もの新規会員を獲得しましたが、どの機器だと思いますか」

当時はティーボが急激に業績を伸ばしていたから、ほとんどの人が「当然ティーボでしょう」と答えた。

だがこの候補者は、どれかの機器に特別な加入条件が定められているのではないかと尋ねたのだ。その通りだった。Xｂｏｘの場合、ネットフリックスを視聴できるのは「ゴールドメンバー」に限られていた。彼はそこから、Xｂｏｘにちがいないと推論した。こうしたユーザーはプレミアム料金を支払うくらいなのだから、ネットフリックスの料金を支払うことにも抵抗がないだろう。正解だ。彼がネットフリックス向きの人材だと彼女が確信したのは、このときだった。

私も、AOLで25人のプログラマーのチームを統括していたクリスチャン・カイザーを面接したとき、やはり目からウロコの体験をした。AOLの彼のチームは私たちが解決しなくてはならない問題に似た技術的課題にとりくんでいたため、私は彼の部下を何人も面接した。ところが面接した全員が、AOLを離れるつもりはないというのだ。当時ネットフリックスはすでに勤め先としてAOLよりずっと人気があったから、なぜなのか解せなかった。理由を聞いてみると、こんな答えが返ってきた。

「だって上司がすごいんです！　あんなにコミュニケーション能力が高い人を見たことがない。彼のもとを離れるなんて考えられません」

そこで私は「その上司とやらを連れてきて！」とリクルーターに指令を出した。

本人に会って驚いた。強いドイツ語訛りがあるうえ、たどたどしい話し方をする。この人がコミュニケーション能力抜群ですって？　それに何年も面接を受けていなかったせいか、おどおどしている。彼にとっても私にとっても、緊張の瞬間だった。

だが「あなたのしている信じられないほど複雑な仕事を、私にわかるように簡単な言葉で説明してもらえますか」と頼むと、彼は人が変わったようになり、たどたどしくではあるが、目を見開かされるような説明をしてくれた。

「これなのね！　複雑きわまりないことをわかりやすくしてくれるんだわ！」。彼はネットフリックスに移り、チームづくりの才能を発揮した。また彼を必要とする新しいプロジェクトを指揮するために、自分のつくったチームを離れることもあった。彼は自分がその場にいなくても機能する優れたチームをつくり、「自分のチーム」の意味を変えたのだ。

私たちは候補者を知り、履歴書に表れない部分を理解するための工夫を欠かさなかった。ベサニーは、過去に採用したデータサイエンス部のとくに優秀な人材の履歴書を分析し、共通する特性を割り出した。彼らは音楽をこよなく愛していた。それからというもの、彼女のチームはデータアナリストを面接する際、音楽に関心があるかどうかを探るようになった。「『ピアノを弾く男性がいた！』といっては大喜びしたものよ」。彼らは左脳と右脳を自由に行き来できるからデータ分析に長けているのだと、彼女は結論づけた。

採用の文化を形成する

ネットフリックスでは、事業が高度に技術的なこともあって、人材を採用したい部署のマネジャー自身が採用プロセスに深く関わることが欠かせなかった。だが技術系に限らずどんな会社であっても、マネジャーの関与を要求すべきだというのが、私の持論である。人材を採用しようとするすべてのマネジャーは、会社の採用方針とそれを実行に移す方法を細部にわたるまで十二分に理解していなければならない。また経営陣みずからがその模範を示さなくてはならない。

あるときベサニーは、リードと一緒に取締役の補充にあたっていた。木曜の朝にリードと会い、どんな候補者が望ましいかを話し合った。すると翌日の午後リードからメールが来て、リンクトインで見つけた20人の候補者にメッセージを送り、すでに3人から返事があったと知らせてきた。うち1人とはスカイプで話して気に入ったから、月曜に来てもらってはどうかという。

マネジャーが採用に深く関わると、リクルーターの競争力がいっそう高まる。ベサニーはリードからメッセージをもらったことで、さらによい人材を探そうと誓ったという（最終的にリードが推していた男性に決まり、リードはその後何年も鬼の首をとったように得意げだった）。

ネットフリックスのリクルーターの仕事は、人を採用したい部署のマネジャー（以下、採用担当マネジャー）を指導することだった。一人ひとりに説明するためのスライド資料を作成し、こんなことを尋ねた。「面接はどんな感じでやりますか？　面接官チームには誰を含めますか？　面接に候補者を呼ぶためにどんな方法をとりますか？」。全員が同じ方法で候補者にアプローチし、面接を行う必要はない。採用に長けたマネジャーは、候補者を探し、選定するための方法をいろいろもっていた。私たちの合い言葉は、「いつでもどこでもリクルート！」だ。候補者探しのきっかけはどこに転がっているかわからない。専門家の会議、子どものサッカーゲームの観戦、機上での会話など。だがいくつかの基本ルールは厳しく守ってもらった。私の決めた鉄則は、候補者が1人で面接を待っているのを見かけたら、必ず声をかける、というものだ。たとえばこんなふうに。「やあ、私の名前はXXXです。あなたは？　面接に来られたんですか？　誰と会う約束ですか？　今日の予定を調べてすぐに受けてもらえるようにしますね」。このメッセージはしっかり伝わっていたようだ。私が候補者との面接に遅れて、「ごめんなさい、誰かが話しかけてくれているとよいのだけれど」と切り出すと、「6人と話しましたよ」などという答えが必ず返ってきた。

採用面接は、マネジャーが予定しているどんな会議よりも優先され、また役員会の出席者が会議を欠席または中座してよい唯一の理由だった。嘘ではない！　あなたが候補者を評価するように、候補者もあなたを評価している。そのことを忘れがちだ。

私たちがめざしたのは、面接に来てもらったすべての候補者に、その職務に就きたいと思ってもらうことだ。たとえ私たちが彼らを気に入らなくても、彼らにはこう思ってほしかった。「いやあ、すばらしい面接だったなあ。効率的で、効果的で、時間通りで、質問は的を射ていて、担当者はスマートで、尊厳をもって扱ってもらえた」と。部下にはいつも、「たとえその人がうちに合わなくても、その人の隣人はうちにぴったりかもしれないでしょう」といっていた。

最終決定を下すのは、採用担当マネジャーの責任だった。チームメンバーが情報を提供し、私と人事チームも意見を述べる。だが最終的な決定（とチームの業績）の責任は、マネジャーにあった。いったん決定が下されると、私たちはただちに行動を起こした。候補者を報酬委員会と人事部の間でたらい回しにするなどもってのほかだ。人事チームは採用担当マネジャーと一緒に、報酬や肩書きなどの処遇をはじめとする、オファーの詳細を決めた。リクルーターが下地づくりをし、マネジャーがオファーを出した。すばやく効率的に動いたおかげで、ほかの優良企業とも面接している候補者と契約を結べることが多かった。

面接と採用のプロセスは、候補者に会社の運営方法に関して、よくも悪くも強烈な第一印象を与える。

人事担当者はビジネスマインドを持て

先日、あるスタートアップの人事部長と話していたときのことだ。彼女はどうすれば新入社員に早く仕事に慣れてもらえるかを話し合うための、オフサイトミーティングを企画していたのだが、「リクルーターもミーティングに呼ぶべきかしら?」と相談された。新しい人材の採用を助けるのが仕事の人たちを、新入社員を迎える方法を話し合うミーティングに呼ぶべきかどうか、彼女は本気で迷っていたのだ。残念なことにほとんどの企業が、人材採用を本業とは直接関係のない独立した業務、ひどいときは人事とも無関係な業務のように扱っている。そして若い企業の多くが、この業務を外部委託するか、リクルーターをただの記録係、チケット係、事務係、予約係としか見ていない。

やがてネットフリックスの人材採用戦略は変化し、可能な限り質の高い人材を得るために、社内にヘッドハンティング会社、それも第一級の会社をつくることにした。このチームの統括は、社外から招いたジェシカ・ニールに任せた。優秀なチームをつくるためには多額の投資を要したが、事業上どうしても必要だと経営陣を説得することができた。外部のヘッドハンターに支払う費用を削減することのメリットを明確に示し、実際に膨大な金額を節約することができた。

採用チームにもはっきり申し渡した。あなたたちは事業構築の重要な貢献者として、「事業にとって何が大切か」をしっかり理解していなければならない、と。このことには、採用担当マネジャーが人事チームをビジネスパートナーと見なし始めたといううれしい副産物があった。

部下にはいつもいっていた。「私たちはサービスを提供するが、サーバント（召使い）ではない」と。私たちが仕える相手は採用担当マネジャーではない。ネットフリックスの顧客なのだ。リクルーターも、プロダクトやマーケティングのマネジャーと同じくらい顧客のニーズや欲求を理解し、プロダクトづくりに関しても理解を深め、自分のこととしてとらえてほしかった。

リクルーターが事業構築に多大な貢献をしていることは、ネットフリックスがゲーム機への配信事業に参入した際にはっきり証明された。ネットフリックスはすべてのゲーム機について交渉をまとめる必要があった。最初にXｂｏｘと契約し、続いて任天堂Ｗｉｉにもサービスを提供しようとした。これはネットフリックスにとってまったくちがう事業への進出だった。ハードウェア機器の開発サイクルは数年だが、ネットフリックスは2週間ごとに新しいコードをプッシュするインターネット企業だ。任天堂と契約を結んだという朗報がようやく届いたとき、私はＷｉｉのための開発を担当していたチームのリーダーに聞いた。

「任天堂のゲーム機にくわしい人はいるの?」1人もいなかった。Ｗｉｉへの配信に対応するまでにどれくらいの猶予があるのかと尋ねると、8か月ほどだという。この期限に間に合わなければ、次のサイクルまでもう2年待つはめになる。

私はデスクに戻り、ただちにベサニーに電話をかけた。

「今やっていることをやめて、すぐここに来てちょうだい。Wiiチームをどうやってつくるか、ブレインストーミングしましょう」

さて8か月後、私たちはWiiへの配信を祝う盛大なパーティーに出ていた。ベサニーは私の隣に立っていた。彼女が涙ぐむのを見て、どうしたのと聞くと、彼女はいった。「ううん、私があのチームをつくったんだなと思って。今日のWiiへの配信に、私も一役買ったのね！」そしてチームは挨拶を求められると、こういった。「ベサニー・ブロッキーに感謝します。君がいなければ、僕らが今日ここに立つこともなかった！」これぞ私がリクルーターに自分の貢献について感じてほしかったことであり、すべてのマネジャーにリクルーターの価値について理解してほしかったことだった。

リクルーターと採用担当マネジャーがベストなかたちで協力し合うには、マネジャーが責任を一手に引き受けることが不可欠だ。ある日うちのとびきり優秀なリクルーターが、新しい役員に相手にしてもらえないとこぼしているのを聞いた。

「電話を返してくれない、メールにも返事がない、履歴書を送っても反応なしよ。ほんとに腹立たしいわ。彼のためにいいチームをつくろうとしているのに。このままだと会社をだめにしてしまいそうな気がする」

私は彼女に近寄っていった。「あなたは別のマネジャーと仕事をした方がいいかもしれない。私に任せて」そしてこの役員に、リクルーターを変更しましたというメールを送った。

「あなたは採用に関してご自身の流儀をおもちのようなので、彼女の協力は必要ないと判断し、別のプロジェクトの担当にしました。助けが必要になったらご連絡下さい。かしこ」

彼は数分もしないうちに飛んできて、「いったい何事だ」とかみついた。

「彼女とのミーティングを二度もキャンセルしたって本当？」と尋ねると、彼は「忙しいんだよ、わかるだろう。10人分の仕事をしているんだから」といい返す。私も負けてはいなかった。

「優秀な候補者の履歴書をあなたに送ったのに、返事を返さなかったというのは本当なの？　わかっていると思うけど、チームをつくるのはあなたの責任であって、彼女の責任じゃない。ところで、彼女があなたに時間をとられなくなって喜んでいる人が3人もいるのよ。彼女は優秀な片腕なんだから、彼女の力を借りれば絶対うまくいく。それでも必要ないとおっしゃるなら、どうぞご勝手に」

マネジャーが優秀なリクルーターをぞんざいに扱うのを見ると、私はカチンとくる。なぜリクルーターにもっと協力しないのかとマネジャーを問いただすと、たいていこんなことをいわれる。

「だってそんなに優秀じゃないし、うちの分野の現況や技術のしくみがわかっていないじゃないか」

私の答えはこうだ。「それならちゃんと理解することを期待し、要求すべきだわ！」

そして、リクルーターに優秀な人材を採用することだ。優れた人材を採用し、ビジネスパーソンとして考えることを求め、事業運営に参加させれば、彼らはビジネスパーソンとして行動してくれる。

ときには企業に対して、人事部の責任者には人事の専門家ではなく実務家を起用するように、とアドバイスすることもある。それぞれの事業がどこから収益を得ていて、どんな顧客をもち、将来に向けてどんな戦略をもっているかを、ほかの部門の責任者と同じように、細部に至るまで理解できる人だ。私が人事考課が嫌いなのは、人事担当者の時間を食うからだけでなく、業績や顧客への貢献度がまったく不明な場合が多いからでもある。

あるとき私は、コンサルティングを提供しているフォーチュン５００社企業の、とても上級の人事担当役員に尋ねた。

「御社では人事考課を行うことがどの業績評価指標に影響をおよぼしているのか、教えてもらえますか?」

彼が「どういうことだね、パティ」というので、私は繰り返した。

「人事考課を行うことは、業績評価指標の向上に直接つながっているんですか?」

「悪いが何をいっているのかわからないね」

そこでこう聞いた。「収益でしょうか、それとも成長、利益? ほら、事業の成果を測る指標ですよ」

また部下が人事考課にどれだけの時間を割いているのかと尋ねると、「さあ、見当もつかないな! でもやるだけのことはある」などという。

ただ「やるだけのことはある」などという理由で、あれほど労力のかかることが正当化されている部署は、会社中探したってほかにないだろう。

想像してほしい。人事部の全員が、あれだけの時間を人事考課のプロセスに費やす代わりに、顧客に優れた製品・サービスを届ける優れた人材を採用することに費やしたら、どれだけの成果が挙がるだろう。

まとめ

▼採用担当マネジャーの最も重要な仕事は、ハイパフォーマーを採用することだ。採用担当マネジャーは、率先して人材パイプラインを開発し、採用プロセスのあらゆる面で指導力を発揮するべきだ。リクルーターの指揮者は彼らである。

▼時代を先取りできるチームや企業は、人材プールをつねに補充している。

▼従業員定着率は、チームづくりの成功を測る指標として不適切だ。最もよい指標は、すべての職務に優れた人材を配置できているかどうかだ。

▼ときには多大な貢献をした人材であっても解雇して、新しい業務のハイパフォーマーや異なるスキルをもつ人材を採用しなくてはならないことがある。

▼ハイパフォーマーを採用するには、ボーナスやストックオプション、高額の給与、昇進の確約でさえ、決め手にならない。ほかのハイパフォーマーとチームを組んで学び合えること、仕事が楽しいと思えることが、最も強力な決め手となる。

▼優れた人材を採用するとは、「A級プレーヤー」を採用することではない。チームのニーズに最も合致した人材を探すことだ。あるチームにとってのハイパフォーマーは、ほかのチームにとってはそうでないかもしれない。

▼履歴書にとらわれてはいけない。工夫していろいろな場所で人材探しをしよう。職務歴を掘り下げよう。幅広い経験を検討し、基本的な問題解決能力に目を向けよう。

▼面接を最初から最後まで、心に強く残る経験にしよう。面接するすべての候補者に、この会社に入りたいと思ってもらえるようにしよう。

▼リクルーターは、どんなに専門的な事業であっても、そのしくみを周知しているビジネスパーソンでなくてはならない。採用プロセスに協力する、創意あふれる積極的なパートナーでなければならない。どんな人材が必要かをリクルーターにくわしく説明すれば、すばらしい見返りが得られる。

考えよう

●優秀な人材がやめてしまい、穴を埋めなくてはならないとき、すぐに助けを求められる人を2人挙げられるか？

●あなたの事業では今現在どんな変化が起こっているのか？　予想より早く変化が進行した場合、必要な新しい人材の面接にとりかかれる体制にあるか？

●候補者探しでどんな工夫をしているか？　ビジネス上のネットワークを通じて、候補者探しのきっかけになりそうな人（リードジェネレーター）を開拓しているか？　候補者探しを、主に自分の責任と考えているか、それともリクルーターが探してくれるのを待っているのか？

●候補者を面接するプロセスは行き届いて考え抜かれているか？

●あなたと一緒に採用にとりくむリクルーターは、補充しようとしている職務の詳細と、あなたが採用者に求める資質をどれくらい理解しているか？

第7章　会社にもたらす価値をもとに報酬を決める

――報酬は主観的判断である

私がコンサルティングを行うテーマのなかで最も難しいものが、報酬だ。

競合他社と比べて遜色のない給与をオファーすることが、トップ人材を採用するための必須条件なのは明らかだ。しかしほとんどの企業が市場実勢に合った給与を支払いたいと考えているにもかかわらず、それを実行するのは往々にしてとても難しい。給与に関する情報は、各種の業界調査から得ることができる。あらゆる分野を網羅し、階層別に細かく分類された、とても精密な情報だ。

でも仕事や人は製品ではない。補充の必要があるどんなポストも、そうした調査の職種には該当しない方法で細分化されていることが多い。また採用候補者は、優れた判断力や協調性など、調査では測れないスキルをもっているかもしれない。たとえばソフトウェアエンジニアがほしい場合を考えてみよう。検索エンジン開発の最先端技術に精通した上級プログラマーがほしい？　しかも5人の部下を指揮できる人がいい？　そのうえマーケティング部と一緒にオンライン広告戦略を開発できるように、オンライン広告をよく理解している人がいい？　そういう人材がどれくらいの給与を支払われているか、あなたがどれくらいの金額を支払うべきかは、給与調査からはわからない。

そんなわけで社内の報酬部門は、膨大な時間をかけて調査の職務内容を比較し、あらゆる要因を調整して最善の見積もりを出そうとする。だがいうまでもなく、それだけの労力をかけても、大まかな市場状況がざっくり理解できるだけだ。あなたが求める資質を兼ね備えた候補者は何人いるのか？　採用に関わる担当者やマネジャーなら誰でも知っているように、本当にほしい人材を獲得するためには、見積もりなどかなぐり捨てて、現実の市場の需要に対応するしかない。

だが私の経験では、市場需要でさえ、オファーすべき報酬の指針には適さない。なぜなら、市場需要が現在の状況を表しているのに対し、採用は未来のことを考えなくてはならないからだ。また一般的な報酬制度は市場の後追いであることが多く、採用者の価値を計算する指針にはならない。たとえばあなたが必要とする資質をすべて兼ね備えたソフトウェアエンジニアをリクルーターが探し出してきて、チーム全員がその人を気に入ったとしよう。だがエンジニアはライバル会社からもオファーを受けていて、その金額はあなたが支払おうとしている金額よりも大幅に――たとえば3万5000ドルも――高い。そんなときオファーの金額を決定するには、あなたの会社に必要なスキルと経験を兼ね備えたこの優秀なエンジニアを採用した場合、それより大幅に劣る第二候補を採用した場合に比べて、会社の前途にどんなちがいをもたらすことができるかを考えるべきだ。それに第一候補を見送った場合、第一候補と同等以上のスキルと経験をもつ別の人材を探し続けることになるから、第二候補を採用するのは今すぐではなく、早くても3か月後になることも考慮に入れる必要がある。

優れた第一候補はいくらの追加収益を生み出してくれるのか？　この人材は、とくに3か月後ではなく今すぐ仕事にとりかかれるのだから、優れた検索システムを他社より早く立ち上げる原動力になるだろうか？　ターゲティングの精度を上げることによって、どれだけの広告収入をもたらしてくれるのか？　人材管理の経験にはどれだけの価値があるのか？　優れたチームリーダーの手腕を発揮して、競合企業に引き抜かれそうな優秀な人材を引き留めてくれるだろうか？　またとくにイノベーションが急速に進んでいる分野なら、この候補者が競合他社で働かないことの価値も上乗せして考える必要がある。

現在の市場需要や給与調査は、将来の追加収益を計算する際の参考にはならない。給与調査に指標としての価値がないとはいわないが、他社のオファー水準を知ろうとして、異なる条件を苦労して比較するのはそこそこにしておくのが賢明だ。それよりは、候補者に期待できる実績や、実現できる未来の価値を考え、それに対してどれくらいの金額を出せるかに集中した方がいい。

人事考課と報酬制度を分離する

私がネットフリックスでまっ先にやったことの一つが、給与制度と人事考課のプロセスを切り離すことだった。そんなことができるのか、ましてや望ましいのかと疑う気もちもわかる。なにしろ、二つの制度は切り離せないほど密接に絡み合っているように思えるからだ。実際、人事考課のプロセスと昇給や給与計算が緊密に結びついていることが、企業が人事考課の廃止に踏み切れない主な理由である。だからこそ、両者を分離すべきだというのだ。

両者を切り離すという考えに抵抗を感じるのは、主に両者を結びつけている安易な発想に原因がある。通常、マネジャーが直属の部下を評価し――ときには部下や同僚がマネジャーを評価することもある――その結果をプログラムに入力すると、部署や会社の業績と連動した所定のレンジ内での推奨昇給額が算出される。人事考課の結果がよければ、その人材は会社にとっての価値が高いということだから、これは給与額を決定するのに適したやり方だろう？　いや、そうではない。人事考課制度は、ばかばかしいほど時間がかかって非効率だというだけでなく（あとで説明する）、給与決定で考慮されなくてはならない重要な要因の一部が、報酬の算定方式から抜け落ちているのだ。一例として、従業員があなたのもとで仕事をするうちに身につけたスキルの価値は考慮されない。

あなたの会社で働くことの価値を説明する

私自身、評価と報酬を連動させる以外に給与を算定する方法があることに、最初から気づいていたわけではない。もちろん、人事考課と報酬計算のプロセスは滑稽なほど複雑だと思っていたし、やるのは大嫌いだったが、基本的には理にかなっていると思っていた。だがネットフリックスの従業員が競合企業に高額オファーで引き抜かれるようになって、はたと気づいたのだ。

ある日うちの従業員が今の給与の2倍近くの金額をグーグルにオファーされたと聞いて驚いた。彼の上司は、こんなに重要な人員を失うわけにはいかないと青くなり、莫大な金額で対抗しようといってきたが、そんな金額はとても払えないと、私はつっぱねた。彼の上司と2人の副社長とメールで激論を戦わせ、私は「グーグルが神より金もちだからといって、グーグル基準で給与を決める筋合いはない！」と主張した。議論は週末にまでもち越した。「彼がどんなに優秀なのか、君にはわかっていない！」といわれたが、ピンとこなかった。でも日曜の朝目覚めたとき、突然腑に落ちたのだ。「ああ、なるほど！グーグルが彼をほしがるのも無理ないわ。彼らのいう通りよ！」彼はとてつもなく価値の高い、パーソナライゼーション技術を開発していて、彼ほどこの分野に精通している人材は、世界でも数えるほどしかいなかった。彼がネットフリックスでの仕事を通じて、自分の市場価値を格段に高めたことに、ようやく私は気づいたのだ。急いでメールを送った。「私がまちがっていました。損益計算書を見直して、チーム全員の給与を倍増できることがわかったから、ぜひそうしましょう」

この経験を機に、報酬に対する私たちの見方が変わった。ネットフリックスは一部の職務に専門性と希少性をもたらしているため、社内の給与水準にこだわれば業績貢献者に経済的損失を与えることになる。他社に移ればもっと稼げるのは確実なのだから。優秀な人材が、会社をやめない限り自分の価値に見合う金額をもらえないような制度は廃止しようと決めた。また私たちは、従業員に定期的に他社の面接を受けることを奨励している。これは、うちの給与が他社と遜色のない水準なのかどうかを、最も効率的かつ確実に知る方法なのだ。

トップレベルの給与を支払うことの価値

また一般に行われているように、市場水準の一定のパーセンタイルなどを目安にして、給与レンジを設定する方法では、トップパフォーマーの人材濃度を十分高く保てる保証がないこともわかった。そこで、トップレベルの報酬を支払おうと決めた。私がコンサルティングを行う会社には、給与水準をたとえば市場水準の65パーセンタイル（上位35％）

などに設定しているところが多い。これを市場の最高水準の65%の額を支払うことだと勘ちがいしている会社もあるが、そうではなく、「業界全体でその職務に就いている人の65%よりも多い（35%よりも少ない）給与を支払う」という意味に過ぎない。なかなかよい方法だと思うかもしれないが、仮定が疑わしい（業務はそこまで厳密に比較できない）うえに、ほしい人材を獲得できないことが多いのだ。それに、期待される成果から逆算した給与水準ともかけ離れている。市場水準に見合った報酬とは、市場レンジ内の決まった水準に固定された報酬ではない。候補者が必要な期限内に達成する仕事の市場価値に基づくものであるべきだ。

そう説明すると、「うちにはトップレベルの給与なんてとても払えませんよ。ネットフリックスは絶好調だからそれができるんです。うちはそんなに成長していないし、そんな余裕はない」などとよくいわれる。たしかにそうかもしれない。すべての職務に対してトップレベルの給与を支払うのは、少なくとも近い将来は無理かもしれない。そこで私は、会社の業績を大幅に高める可能性が高く、かつトップレベルの給与を支払えば最高の人材が獲得できそうな分野があるかどうかを検討して下さいという。

こう考えたらどうだろう。「トップレベルの給与を出せば、すばらしい才能と経験をもち、ふたり分の仕事ができ、会社の価値を大きく高められる人材を雇えるかもしれない」と。

有名な営業チームの80対20の法則では、「会社の売上の80％が上位20％の営業部員によって生み出されている」といわれるが、同じことがほかの分野にも広くあてはまる。私自身、多くのチームにそうした偏りがあるのを目のあたりにしてきた。

ハーバード・ビジネス・レビューで紹介された、コンサルティング会社のベイン・アンド・カンパニーによる興味深い研究が、この戦略の有効性を強力に裏づけている。[6] この研究では25社のグローバル企業の人材分布を分析したところ、「スター人材」は平均すると全従業員の15％に過ぎなかった。だが最も成功している企業とそれ以外の企業の大きなちがいは、スター人材が与えられた職務の性質にあった。著者たちはこう書いている。「パフォーマンスの高い企業は意図的に不平等主義をとっている」、つまり「会社の業績に最大のインパクトを与えられる分野に、スター人材を重点的に配置している。その結果、事業のカギを握る職務の大半——最大で95％——が、A級の人材によって占められている」。それ以外の企業では、スター人材は全部門に均等に配置されていた。

スター人材をトップレベルの給与で採用するというアイデアに対して、よくあるもう一つの反応が、スター人材の給与が同僚に比べて高くなりすぎるのは困る、というものだ。給与に差をつけることが不公平に思えるのも無理はない。ネットフリックスでもそうした反発に対処しなくてはならなかった。

たとえばあなたが、他社で2倍の給与をもらっている人材を引き抜きたいとしよう。私がそういうと、「つまりそれは、うちが従業員に本来支払うべき給与の半分しか払っていないということですか？　実勢の半額ということ？」と聞かれることがある。そんなとき私は、「その人材を採用したら、御社は今までよりも速く、もしかすると2倍速く前進できないでしょうか？　それにあなたのチームに、彼が今他社でやっている職務を引き受けられる人材はいるんですか？」と聞き返す。たいてい「そうだな、今よりずっと速く前進できるかもしれない」、「うちには誰も彼のような仕事をできる人はいないよ、だって誰も彼のような経験を積んでいないから」という返事がくる。

またネットフリックスでは新規採用者に、前職でもらっていた金額に一般に妥当と考えられる金額を上乗せした給与をオファーする代わりに、その分野のトップレベルの給与を支払い、高い業績を挙げるようハッパをかけることにした。たとえばマネジャーが、同様の経歴をもつ2人の候補者を面接しているとしよう。女性の候補者は現在13万ドル、男性は15万ドルの給与をもらっている。これは賃金の性差別の長い歴史が生んだよくある格差だ。2人が同じくらい有能な場合、マネジャーはどちらの候補者にも16万ドルをオファーすべきだろうか？　答えは断固イエスだ。ところがそうアドバイスすると、決まってこういわれる。「そんなのばかげている！　だって彼女は14万ドルでも大喜びだろう？」また、会社のお金を必要以上に使うのは、財務上無責任だという反応も多い。だがそれは予算を抑えることしか頭にない人の意見であって、候補者が（望むらくは来年度以降も長期にわたって）生み出す価値が考慮されていない。それに、これまで企業が過去の給与水準をもとに給与のオファーを決めてきたせいで賃金格差がはびこり、今も多くの女性労働者が十分な賃金をもらっていない。これは、業績への貢献度による格差ではなく、性差別による格差であり、企業はこれを不当で許容できないものとして対処することが求められる。

経験からいって、可能な限り最高の人材を探し、最高額の給与で採用すれば、報酬の差を補ってあまりある成長をきっともたらしてくれる。

契約時ボーナスの不思議

企業は市場の圧力と戦うために、重要な人材の報酬を高める手段の一つとして、もちろん、ボーナスを利用している。ボーナスは昨今ますます複雑に、ますます趣旨がおかしくなっている。

前に働いていたボーランドで会社から50キロほど離れた場所に住む男性を採用することになったとき、マネジャーがオファーに引っ越しボーナスを上乗せしろといってきた。「何ですって？　たった50キロなのに、引っ越すはずないでしょう？」するとマネジャーは「でも喜んでくれるよ」という。喜んでくれるなら新車も1台つけるべきなのか？

覚えておいてほしいことがある。オファーレターに契約ボーナスを含める場合、たとえそれが給与の一部ではなく契約時の一時金であって、翌年の給与見直しの対象外だと明言したとしても、彼らは必ず対象になると考える。前の会社で10万ドルもらっていた人を12万ドルで採用し、引っ越しをするはずがないと知りながら2万ドルの一時金を上乗せすれば、翌年6％の昇給を与えても、実質的に14万ドルから12万7200ドルへの減給になる。彼らがそれで喜ぶと思うだろうか？

透明性が市場ベースの報酬を支える

給与やその他の報酬に関する情報は従業員に秘密にするべきだと考える企業が多い。私がコンサルティングを行ったある創業者は、報酬情報は医療情報のようなものだといっていた。そんなことはない。私が本当にばかげていると思うのは、それほどのお金をかけて手に入れた給与調査のデータを従業員に共有しないことだ。それは給与額の根拠として提示すべき情報なのに。企業は従業員に報酬の根拠を説明する努力を惜しんではいけない。なぜ情報を与えたがらないかといえば、市場全体の水準からすればもっと高い報酬を支払われるべきだと従業員に思われることを恐れているからだろう。また、同等の価値の仕事をしている同僚より自分の給与が少ないことを知った従業員が気を悪くするのを恐れている。

たしかに給与は不平や噂の格好のタネになる。でもだからこそ、透明性を高めるべきだというのだ。オープンな姿勢でいれば、なぜほかの人があれだけの給与をもらっているのかと従業員に聞かれたときも、説明することができる。金額のちがいを説明する適正な根拠をもつことによって、業績志向の文化が強化される。従業員に公開できる根拠がないという場合、なぜないのかをよく考えた方がいい。

報酬を適正で理にかなったものにするには、給与やその背後にある方針についてオープンに話し合うのが一番だと、私はかねがね考えている。給与情報を公開することが従業員の感情を害すると思われがちなのは、業績への貢献度よりも上司のおぼえや年功などがものをいう不条理がはびこっているせいでもある。実際の貢献度をもとに給与が支払われていれば、こんなふうに説明できる。「彼女は年俸32万5000ドルで、あなたの年俸に比べて不当に多いと思うかもしれないが、彼女のおかげでうちは厄介な状況から5回も抜け出すことができた。彼女の優れた決断が会社にもたらした価値を計算すると、こうなる」。当然だが、ここまで情報をオープンにするには、注意深く行う必要がある。情報を共有する理由と、給与額の根拠をきちんと伝えよう。

つまり、給与を人事考課に連動させるべきだということ？ いや、そうではなく、給与を業績だけに連動させるのだ。このやり方と一般的な慣行の間には大きなちがいがある。そのちがいを最も如実に物語っているのは、女性が受けとる給与が同等の能力の男性に比べて少ないという、どこにでも見られる問題だ。透明性は、この事態の解消を確実に早めるだろう。

シリコンバレーで女性の給与が男性の給与の70％にとどまっている理由を、女性の交渉ベタのせいにしたがる人が多い。それよりも、女性に対する偏見と、伝統的に給与が低い人事や経理の仕事を女性が占めていることの方が大きいと、私は考える。人事で一番給与の高い人でさえ、一般的な技術職の半分しかもらっていない。この一因は需給バランスにあり、技術系人材の不足を考えれば当然だが、人事や経理の成果を業績と結びつけるのが難しいことも理由の一つだ。企業は——客観的な成果指標を当然考慮に入れて——女性の給与を平均まで上げるべきです、と私が主張するたび、「それは解決不能な問題だから」と反発される。あるCEOにこの提案をしたところ、「そんなことは弁護士が許さない」というので、「弁護士は何を心配しているんですか？」と聞くと、「もちろん、私が訴えられることだよ」と答える。「女性従業員の給与を上げて訴えられる？　そんなわけないでしょう」というと、「いやそうじゃない、そんなことをするとそれまでの非を認めたことになって、訴えられるんだ」という。「実際、非があったわけでしょう！」これが真の障害なのだ。

それに女性が交渉ベタだって？　十分な根拠のある情報を提供されれば、多くの女性が説得力のある議論ができることは私が保証する。

まとめ

▼どんな職務に必要なスキルや才能も、定型的な職務内容とは一致しない。また定型的な職務の給与データをもとにあらかじめオファーの水準を決めておくべきでない。

▼給与調査の情報は現在の市場状況の後追いでしかないから、それだけをもとにオファー金額を決めるべきでない。

▼事業の現状から考えて支払える金額だけでなく、その人材が将来もたらすかもしれない収益も考慮に入れよう。

▼給与を市場水準の何パーセンタイルと決める代わりに、その分野のトップレベルの給与を支払うことを検討しよう。すべての職務でなくても、会社の成長のカギを握る職務だけでもいい。

▼契約ボーナスを与えると、入社の翌年に減給になったかのような印象を与えかねない。それより、トップパフォーマーに見合うだけの給与を支払う方がいい。

▼報酬に関する情報を従業員と共有することで、給与に関してよりよい判断を下し、偏見を減らし、さまざまな業務の業績への貢献について正直に話し合うことができる。

考えよう

●あなたのチームに、入社時に比べてスキルや能力が大幅に向上した人材はいいないか？　彼らに今の貢献度に見合った給与を支払っているか？

●他社から仕事の誘いを受けた人材はいないか？　そういう話があったら率直に話すよう、全員に伝えているか？

●給与水準があらかじめ決められているせいで、最高のチームづくりを阻まれていないか？

●もしも思い通りの人材をチームに採用できたら、どんな成果を期待できるだろう？　そうした人材の採用を経営上必要なこととして、経営陣を説得できないか？

●一部の職務でスター人材をトップレベルの給与で採用できるとしたら、どの職務を選ぶか？　その理由は何か？

●無意識の偏見が給与格差を生んでいないかをたえず検証しているか？　大がかりな調査をする必要はない。役職ごとの男女別平均給与を調べてみよう。

第8章　円満な解雇の方法
――必要な人事変更は迅速に
――その会社で働いていたことを誇れるような組織にしよう

ネットフリックスのあるエンジニアリング担当役員は、会社の最優先事項である検索能力の向上にとりくんでいた。ストリーミング配信が軌道に乗り始めていたため、ユーザーが膨大なコンテンツを簡単に検索できるようにすることが急務だった。

だがこの役員は、当時急成長中だったフェイスブックと提携して、フェイスブックでの存在感を高めることに力を入れてはどうかと、社内会議で熱弁を振るった。フェイスブックはうちの5大優先事項に入っていない、重要事項である検索能力の向上に集中してほしいと経営陣は要請したが、彼はフェイスブックでの配信にこだわったため、私が出ていって話をした。

「ねぇ、フェイスブックにかけるあなたの熱意はわかったけれど、あなたは検索部門の責任者でしょう。いっそ、フェイスブックに行ったらどうかしら？　一発で採用されるわよ。あなたを失うのはとてもつらいけれど、何といわれようと今は検索機能を強化できる責任者が必要なの」

彼は優秀だったが、私たちが必要としていたのは優秀なだけの人材ではない。チームを率いてその仕事を遂行することを熱望する、優秀な人材が必要だった。彼はほどなくしてネットフリックスから別のスタートアップに移り、彼の部下の1人が喜んで後任についた。

会社がどこをめざしているのか、そこにどんな課題や機会が待ち受けるのかを、上層部が社内の全員にはっきり伝えることには、従業員が自分のスキルをその未来に照らし合わせて評価できるというメリットがある。また従業員は、自分がその未来の一翼を担いたいかどうかを自問し、それを希望しない場合は社外の機会を積極的に探すこともできる。

前に、ネットフリックスでの仕事の性質が草創期から変わってしまったことを経営陣は理解していないと嘆いていたエンジニアの話をした。じつのところをいえば、彼は大企業で働くことに関心がなかったのだ。だがその一方で、彼が身を置いていたのは、向こう見ずな新進のスタートアップの中心地である。彼は聡明な人だから、やがて活気に満ちたスタートアップ業界に目を向け、自分が本当に好きな方法で働ける機会を見つけた。どんな人も、情熱のもてる仕事に好きなやり方でとりくめるように、社内外でいつでも動けるようにしておくべきだ。また十分な業績を挙げていないのであれば、そのことを率直に知らされる権利がある。そうすればただちに行動を改めたり、新しい会社に移ったりすることができる。

「10試合」ごとに人事考課を行う

人事管理で会社をスポーツチームになぞらえるのは、「優れた成績を挙げていないプレーヤーを交代させないと、チームやファンをガッカリさせる」ことをすぐにわかってもらえるからだ。スポーツチームの成否は、試合の勝敗だけで判断される。だから一流のチームは、プレーヤーだけでなくコーチもすぐ交代させる。

私はスポーツのことはよく知らないが、優れたスポーツコーチングは大好きだ。コンサルティングをして回っていると、プロスポーツチームでのコーチング経験のある人たちと一緒に講演に呼ばれることがある。モントリオール・カナディアンズの本拠地でもある世界最大のホッケー競技場、ベルセンターで行われたパネルディスカッションも、そうした機会の一つだった。登壇前に、スコッティ・ボウマンという、初めて名前を聞く男性と二人で控え室で待っていた。彼はナショナルホッケーリーグの元コーチで、NHL史上最多勝利を挙げ、カナディアンズのほかピッツバーグ・ペンギンズ、デトロイト・レッドウィングスなどの名だたるチームでコーチを歴任し、これらの3チームを9度スタンレーカップ優勝に導いた輝かしい経歴のもち主だという。

二人でゴルフや彼の孫の話をしていると、彼が突然天井を指さして「パティ、いま僕らは氷の下にいるんだよ」と教えてくれた。ホッケーには疎い私だが、彼とあの場にいられることに胸が躍った。まず私が司会者に紹介され、礼儀正しい拍手で壇上に迎えられた。巨大なホッケー競技場で3つの大きなスポットライトに照らされ、大型ディスプレイに映し出された自分の顔を見て気後れした。続いてスコッティが紹介され、彼がステージに上がったとたん、聴衆は大興奮の渦に巻き込まれた。そのときになってようやく、彼がホッケーの神様で、その彼が何度もチームを勝利に導いた有名なホッケー競技場に自分がいることを理解したのだった。

司会者はスコッティに尋ねた。「ボウマンさん、コーチとして多くの有名選手を成功に導かれました。秘訣は何でしょう？　どうやって選手にフィードバックを与えたのですか？」

彼は答えた。「そうですね、1シーズンは80試合ですが、10試合終わるごとに一人ひとりと膝をつき合わせて話し合いました。選手のデータをそろえ、ほかのコーチやチームメイトに意見を聞き、選手自身にも自己評価を記入してもらいました。そして次の10試合をどうするかを2人で話し合ったのです」

司会者は「ありがとうございます、ボウマンさん！」といって、私の方を向いた。「パティ、あなたは人事考課というものを認めないそうですね。その代わりに何をするようアドバイスされるんですか」

私はスコッティを指していった、「まさにいま彼がいったことですよ！」

人事考課の問題は、それが杓子定規的で、報酬の決定との結びつきが強すぎることだけではない。一般に、膨大な時間とコストがかかる割に、従業員は必要なフィードバックや指導を得られないのだ。多くのマネジャーが、従業員の仕事ぶりを評価し目標を定める機会として、年に一度の人事考課に頼りすぎている。もしもあなたに人事考課を廃止する裁量がなかったとしても大丈夫、スコッティ・ボウマンがやっていたような個別面談を頻繁に行おう。この方がずっと効果が高く、思いやりのあるやり方だ。部下の仕事ぶりに問題が生じた場合、話し合いを早くもてばもつほど、部下は十分な業績を挙げていないことを自覚し、行動を改めることができる。一般に人事考課では何か月も前の落ち度を責め立てられることが多い。彼らはこう考えるだろう。「もっと前に教えてくれてもよかっただろう？　問題を改善する機会さえくれなかったのに、なんだよこのしょぼい昇給は？」

またチームの内外の同僚に、自分の仕事ぶりをどう評価されているかを知ることは、自分を客観視するのに役立つ。ネガティブなフィードバックが上司以外の人たちからも寄せられれば、上司が偏見をもっている、そりが合わない、といった安易ないい訳に逃げるのは難しくなる。

人事考課制度を廃止しよう

私がある大企業の役員に投げかけた、人事考課制度に関する質問について考えよう。この会社の経営陣は、人事考課の有効性と効率性を高めるための助言を求めていた。電話をくれた人事部長に、私では力になれそうにありません、だって私の勧める方法はきっとお気に召さないでしょうからと断ったが、どうしてもといわれたので、1時間の電話会議を行うことにした。一足先にログオンしていた同社のIT部長に、「あなたの会社の人事考課をどう思う?」と聞くと、彼女は答えた。

「大嫌いよ！　うちのチームは大所帯で、いま人事考課の真っ最中なの。この電話会議を開くのにどうして3週間もかかったと思う?　みんな人事考課で手一杯なのよ。ほかの仕事は全部中断している。まったくばかばかしいほどの時間をかけているわ」

全員がログオンしたので、私はいつもの質問をした。「人事考課制度が御社に何かよい効果をもたらしているという証拠はありますか?」やはり思った通り、彼らは有効性を証明するような分析を行っていなかった。人事部長の発したひと言は、「あのパティ、私たちが知りたいのは効率化する方法なのよ」だった。

人事考課が何らかの重要な経営指標の改善に役立っているというたしかなデータを見つけられないのなら、廃止を働きかけることを強くお勧めする。あの電話会議で役員に制度の廃止を勧めたところ、「代わりに何をやるべきだというのですか?」と返された。いい質問だ。大小にかかわらず多くの優良企業が、従来の制度を廃止し、新しい手法を導入している。アクセンチュア、デロイト、ゼネラル・エレクトリックをはじめとするさまざまな企業が、ネットフリックスと同様、人事考課は欠陥が多く時間がかかりすぎるという結論に達し、それに代わるすばらしい手法を開発しているのだ。私がピュア・ソフトウェアにいる間に、会社は四半期評価に切り替え、年次評価よりずっとよい効果を得た。これを最初の一歩にするのもいいかもしれない。あるCEOにそう勧めると、「だが年次評価の情報はとても役に立つんだ」といわれた。それは結構、でもその情報をより効率的に得られれば、より役に立つのではないだろうか？

あれほど緻密なプロセスを廃止することが、多くの企業にとって現実的に難しいのもわかる。それなら社内の片隅で廃止して、様子を見たらどうだろう？　また段階的に廃止を進めることもできる。GEもこの方法で、数十年間行っていた人事考課からフェードアウトした。全世界3万人の従業員を対象に新しいプログラムの試行運用を行い、フィードバックを改善するためのフィードバックに耳を傾けた。それからモバイルアプリを利用する新方式を導入し、従業員が年間を通してリアルタイムのフィードバックを得られるようにした。

では続いて、私が大幅に改善するか完全に廃止すべきだと考える、人事考課のもう一つの要素について説明しよう。

ＰＩＰを破棄せよ（または業績改善に実際に役立つものにせよ）

一般に、企業は解雇を検討している従業員に対して、業績改善計画（ＰＩＰ）を行うべきだと考えられている。ＰＩＰのやり方はとても残酷なことが多い。なぜならそれは「能力がない」ことを証明するために行われるものだからだ。だが往々にして、対象者の能力には何の問題もない。仕事の進め方、努力の仕方、同僚や上司との接し方に何も問題がない場合も多い。その人自体は優れているが、たんに仕事内容が変化して合わなくなったか、次に行う必要のある仕事で高業績を残せそうにないだけかもしれない。ただ必要なスキルをもっていないというだけで、ＰＩＰを受けさせる理由はない。

また、新しく採用した人材が職務に適していないことが判明した場合、問題があるのはその人ではなく、採用プロセスだ。たんに不適当な人材を採用してしまったというだけで、その人の責任では断じてない！　自分に非があると思わせてはいけない。

解雇する必要のある人材についてこういう考え方でいれば、非難を浴びせずに、正直な対話をすることができる。失敗者と決めつけるのではなく、ただ必要な仕事に合わなくなったと告げればいい。それは個人攻撃でもないし、能力の問題でもない。たんにチームのスキルとノウハウを、目標に合致させるというだけのことだ。もちろん、だからといって失望や悲しみ、不満をもたれたり、怒りを買ったりしないというわけではない。私自身、つらい解雇に何度も涙してきた。だがみんな最後には理解し、うそをつかずにいたことに感謝してくれた。

私は人事のキャリアの大半を、ＰＩＰを行うのに費やしていた。やりようによっては効果があるかもしれないし、そのことはあとで説明する。だがネットフリックスでプログラミングチームと親しく仕事をするようになってから、業績不振者を指導するよりも、新しい職務に移した方が全員のためになる場合があることを知った。業績を何度も何度も達成し損なうチームを見ているうちに、それは努力が足りないせいではないと気がついた。彼らは死に物狂いで働いていた。たんに仕事に必要なスキルをもっていなかっただけなのだ！　上司や同僚が指導するのもいいが、その仕事を今できる人を効率よく探すことがカギになる場合も多い。また業績不振者の能力を伸ばすことに時間をかけすぎると、彼らが——他社で——伸びる可能性をつぶしてしまいかねない。

ネットフリックスのチームが、あるプログラマーの候補者をとても気に入って採用した。

私は彼を面接して、もっと適任がいるはずだと思ったが、チームは「大丈夫、教えればできるようになるよ」といってとり合わなかった。「そうかもしれない、でもできるようになるのは今の仕事であって、6か月後に必要な仕事ではないでしょう」といったが、彼らは聞く耳をもたなかった。6か月後、気の毒な男性はさらに後れをとり、チームは彼のミスを正すのにいらだちを覚え、膨大な時間をとられていた。そこで私は知り合いのアップルの人事担当者に電話をかけて彼を推薦し、彼はネットフリックスをやめもしないうちからアップルにすばらしい職を得た。彼は最終日に私のデスクにやってきて、大きな花束をくれた。彼に恵みのあらんことを。

もちろん、ＰＩＰで従業員の業績を大幅に改善できる場合もあるだろう。それこそがＰＩＰの唯一の目標でなくてはならない。もしも従業員に一定期間内にスキルを習得させる明快な方法があるのなら、ぜひそれをおやりなさいといいたい。そのスキルは、新しいプログラムの学習やプレゼンテーション技術の習得といった仕事の基本要件かもしれないし、チームワークや人材管理といった、より定性的で「ソフトな」スキルかもしれない。ＰＩＰで多くの従業員が対人関係のスキルを大きく改善させるのを、私も見てきた。重要なのは、大幅な改善が見込める可能性がどれくらいあるのかを、現実的に考えること。そして、

ＰＩＰを解雇の口実にするのではなく、業績改善だけを目標にすることだ。それができない場合、ＰＩＰを廃止することが、責任ある行動だ。

訴訟を起こされることはめったにない

私がＰＩＰの廃止を勧めると反発されることが多いのは、ＰＩＰが訴訟対策と見なされているからだ。会社を訴えることがどんなに時間がかかって大変なことなのか、みんなわかっていない。数年がかりということも珍しくない。私の経験からいうと、元従業員が会社を訴えるのは、不当に扱われたと感じるからであって、ＰＩＰを受けさせてもらえなかったからではない。自分の業績や適性について、ありのままのことを教えてもらえなかったからなのだ。

訴訟を起こそうと思うほど頭にきている従業員には、誰かがもっと早くこういってあげるべきだった。「君の傲慢さは目にあまる。君のせいでみんなが傷ついている！　そんなふるまいを続けるなら、チームにいられなくなるかもしれないぞ」。あるいは将来的に大きな変化が予想される状況で、誰かにこういってもらうべきだったのだ。「私たちが６か月後に達成しなくてはならないのはこういうことで、それは今やっている仕事とはかけ離れている。今とはまったくちがう経験や方法が必要になる。だからもしゼロからチームをつくるとしたら、あなたを採用するかどうかわからない」。こうした対話は苦痛に満ちているかもしれないが、真実にも満ちている。本人に変わろうとする意志や能力があるかどうかを、本人と上司の双方がよりよく見きわめることができる。仕事がちゃんとできていないことは、本人も重々わかっている場合が多く、それはとてもつらいことだから、率直に問題を話し合うことは救いになる。上司に突然解雇を告げられた人が話してくれた。「上司に放っておかれたせいで、失敗するしかなかった。二度もだ。自分が至らないことはわかっていたから、もっと早くいってくれればこんなに苦しまなかったのに」

皮肉なことに、PIPが訴訟回避手段として使われると、かえって恨みを買うことになるのだ――ただありのままを話すことを恐れたがために。

従業員「エンゲージメント」について

ビジネスで使われる「エンゲージメント」（愛着心からくる自発的な貢献意欲）という

用語は、「エンパワメント」と並んで私の大嫌いな言葉だ。人事担当者だけが集まるある会議で講演したとき、「従業員を解雇したことのある人はいますか？」と聞くと、全員が手を挙げた。「わかりました、それじゃ家族を解雇したことのある人は？」誰も手を挙げなかった。「なのに、人事の仕事で毎日のように『家族』という言葉を使っている人はいませんか？」

従来型の人事業務を行っていた頃は、仕事のほとんどが対人関係のアドバイスだった。上司や部下とのカウンセリングのまとめ役を求められることが多かったが、そのうち断るようになった。私が割って入ると逆効果だったからだ。むしろ必要なのは、マネジャーだけでなく従業員全員に、お互いにいいたいことをオープンに話し合うように指導することなのだ。

私が人事関連で使われる「エンゲージメント」という言葉が大嫌いなもう一つの理由は、「業務遂行上の問題はやる気不足に原因がある」という暗黙の前提が見え隠れするからだ。正直いって、そんなに単純な問題なはずがない。やる気のない人材を解雇するだけで高業績を挙げられるなら、どんな企業もとっくに大成功している。

最近ある新任の人事部長に話を聞いて、やる気にこだわりすぎることの危険を思い知らされた。彼女は新しい会社で働き始めてまだ8週間だというのに、すでに従業員のやる気と業績との関係について衝撃的な分析を行っていた。従業員の満足度とやる気を可視化した調査の結果を、各チームの業績と照らし合わせたのだ。さいわい、ほとんどの従業員がやる気と満足度の高い「グリーン」な状態だった。ところが驚いたことに、業績が平均以下のチームも、業績のとても高いチームと同じくらいグリーンだったのだ。このことは、やる気と業績がそれほど単純な関係にないことをはっきりと示している。彼女は満足度の指標だけに頼らず、さまざまな業績指標を重ね合わせたおかげで、高業績のチームとそうでないチームとをよりよく区別できるようになったという。

私の経験からいうと、ハイパフォーマーはすべてがうまくいっていることに満足しているというよりは、むしろチームの仕事ぶりに不満をもっていることが多い。最高の成果を強く求めるからこそ、それを達成しようとするなかで必然的に痛みや不満を感じるのだ。従業員にもってほしいのは最高を追求する姿勢であって、まじめに働きさえすれば会社が守ってくれるだろうという安易な気もちではない。

雇用保障について口先だけの約束をすべきでない。あるCEOにコンサルティングを行ったとき、こんな質問をされた。

「コールセンターの職員についてはどうしたものだろうね？　ほかの部署は新しいビルに移転したんだが、コールセンターは同じビルに置きたくない。これを機にアウトソーシングしようかと思っている」

私が「つまり、従業員にうそをついてきたということですか？」と聞くと、彼は「何のことだ？　うそなんてついていない！」という。だから聞いてみた。

「お言葉ですが、入社する人には明るい未来が待っている、やる気さえあれば社内でキャリアを積める、とおっしゃいませんでした？」

「たしかにそういったが、何年も前のことじゃないか！」

「御社のリクルーターは今もあなたの言葉を毎日繰り返していますよ」口先だけの約束をしても、裏切られたと思われるだけだ。

講演をすると、キャリアの相談に乗ってほしいと頼まれることがよくある。そんなとき私はこういう。「一生を通じて学びたい、たえず新しいスキルを身につけ新しい経験をしたいと思うなら、同じ会社に居続ける必要はありません。実際、特定の仕事をするために採用され、仕事がすんだら解雇ということもあるでしょう。たとえばガレージの改装を人に頼むとき、改装がすんだら家の改築も任せようとは思わないでしょう」

私流のアルゴリズム

私はマネジャーが部下を評価する際に、次の単純なルールを使うよう勧めている。ちなみに大好きなエンジニアたちの用語を借りて、このルールを「アルゴリズム」と呼んでいる。

「この従業員が情熱と才能をもっている仕事は、うちの会社が優れた人材を必要とする仕事なのか？」

このアルゴリズムは、事業活動を評価する方法と何らちがいはない。批判的思考に基づいていて、意思決定から感情を排除する方法だ。また従業員も同じアルゴリズムを使って、いまの会社にとどまるべきか、もっと自分に合った仕事を社外で探し始めるべきかを判断するといい。

アルゴリズムのもう一つのメリットは、マネジャーが「部下にできないこと」にとらわれずに、「部下が情熱と才能をもっていること」に目を向け、その人に合った次の仕事を探す手助けができることだ。人事にはもう一つばかげたルールがあって、マネジャーは解雇した人を推薦しないことになっている。これも、訴訟を起こされることへの恐れから来ている。だがどんな内容の推薦状を書けるかを教えれば、やめるかどうかの決定を部下に委ねることができる。

解雇しようとしている従業員に、私はこんなことをいった。「さて、あなたがチームリーダーのタイプではないということを確認したわね。でもそれは問題ない、あなたはとても優秀なエンジニアだから。あなたの技術力については喜んで推薦させてもらうわ。ただ、人材管理能力の推薦状がほしければ、ほかの人をあたってちょうだい」

私はプログラマーがアップルに転職するのを手伝ったように、よそへ移ろうとする人たちをいつも積極的に推薦した。さいわい、多くの人たちが他社でキャリアを開花させている。「解雇された」という烙印を背負い続けなくてもいい。「首切り」されても、死刑じゃあるまいし、殺されやしない。それに雇用関係を「打ち切る」だなんて言葉を、いったい誰が使い始めたのだろう。ある企業でうまくいかなかった人が、別の企業にとっては宝になるかもしれない。それほど優秀でないと思っていた人が、自分に合った仕事を見つけて大成功した例を、私はいくつも見ている。

自分にふさわしい新しい仕事を社外で見つけた人の例として、私がいつも引き合いに出すのは、仲よしのデザイナーだ。彼女は草創期からネットフリックスにいて、多くの変化を乗り越えてきた。がむしゃらに働き、才能にも恵まれていたが、製品のデザインが変化するにつれ、彼女のスキルと合わなくなっていった。彼女を解雇するのはとてもつらく、「私を忘れないで、何かあったらいつでも力になるわ」といって送り出した。

ほどなくして彼女はシリコンバレーでも指折りの企業で働き始めた。ある日私がマイクロソフトの人事部長に会うためにロビーで待っていると、彼女が通りかかった。「お嬢さん、ここで何をしているの？」と呼び止めると、別の仕事の面接を受けに来たのだという。私たちは積もる話をし、人事部長がきたのでハグを交わして別れた。人事部長と一緒に歩いていると、こういわれた。「ねぇ、あなたは積極的に解雇する方針なのに、解雇した人たちといい関係を保っているというじゃない。今も仲がいい人にはどんな人がいるの？」そこでいった。

「さっき一緒にいた女性も、やむを得ず解雇した一人よ」

「でもハグされてたじゃない！」

「そうよ、だって昔も今も大好きだもの！」

文化を自分のものとして受け入れ、実践する

「積極的に解雇する」という規律は、ネットフリックス文化のなかでもマネジャーにとって慣れるのがとびきり難しい部分、いや最も難しい部分なのはまちがいない。だがほとんどの人がそれを受け入れている。

ネットフリックスで私がとくに親しくしていたジョン・シアンクッティが、彼自身どう変わっていったかを、とてもわかりやすく説明してくれた。「ネットフリックスの方法は、僕らが社会的に身につけてきた人づき合いの方法や、残酷な事実はいわないといった常識とはまったくちがっていた。だから自分の直感との戦いだった。僕の場合は、ある部下を採用してから、ネットフリックスの規範を受け入れられるようになった。彼はすばらしい経歴のもち主で、面接も大成功だったのに、ネットフリックスの環境ではどうしても成功できなかった。実行力のあるタイプじゃなかった。ネットフリックスでは、ただかしこいだけじゃだめで、多くの仕事を手際よくこなす必要がある。そのことに向き合い、人望のあった彼を解雇したことで、僕はネットフリックス文化を自分のものとして受け入れた。

彼を解雇したことで自信がつき、二度とうしろをふり返ることはなかった」

人材配置担当副社長だったジェシカ・ニールは、ネットフリックスをやめ、今はスコープリーというすばらしいスタートアップで働いている。この会社のCEOは進取の気性に富み、自由と責任の文化を形成したいと考えていて、ジェシカはマネジャーたちに手を貸してチームを積極的に強化することの大切さを教えているそうだ。凡庸な結果しか出せないチームのリーダーには、チームの改造が必要なことを気づかせようとしている。「こんなことをいわれたわ。『すごいよ、ミーティングがまともになってきた。仕事のペースが速くなった。今までのメンバーがどんなに重荷になっていたか気づかなかったよ』って」

ネットフリックスで一番うれしかった思い出は、私がやめる直前に、私の後任で、しばらく会っていなかった副社長のケビン・マッケンティーが私のためにあるミーティングを設けてくれたときのことだ。何があるのと聞くと、会社が撤退しようとしている業務に長年とりくんできた古株のチームリーダーを解雇しようとしているのだという。

「彼女にはもう伝えたし、ここ2か月ほど話をしてきたから、心構えはできているはずだ。彼女の最後の出勤日を金曜にして、朝10時に話をするつもりだ。それがすんだら君のところに行かせるよ、きっとさよならをいいたいと思うから。そのあとでチーム全員にメールで知らせる。経営陣には驚かないように今夜伝えるよ。みんなにどう伝えるかも決めてある。彼女は本当にすばらしかった、そして彼女は仕事をやり終え、次のステップに向かうのだとね」

私はいった。「私の助けはいらないようね！」

すると彼は笑っていった。「そうだね、なんでここに来たんだろう」

「いいえ、ほんとにうれしいのよ。あなたが一人ですべてをやったことを知って、とても誇らしいわ」

次の週には別のマネジャーがやってきた。「チームの一人に問題があってね」。私がその話はもうケビンにしてちょうだいというと、彼は「いや、君に話したいんだよ」という。だから私は返した。「別のリーダーと話すと、うちの文化のしくみがもっとよくわかるわよ」

マネジャーが文化を受け入れるにつれて、手法への理解を得やすくなる。チームビルダーの濃度が高まれば、手法は自然と広まっていく。

みずから実践する

私がこの方法を勧めるのは、ほかの人によい成果をもたらすのを見てきたからというだけではない。私自身も、リードのもとで働くためにピュアに飛び込んだときのように、率先して次へ進むべき時が来たことを知るプロセスを経験した。しかもつらい気もちをかみしめながら、前へ進まなくてはならなかった。だがリードと私はネットフリックスでともに働きながら、やがて私のやめるべき時が来たことを受け入れざるを得なくなった。何かを一生懸命つくりあげ、そのことを誇りに思っている人なら誰でもそうだが、そこから離れることを考えただけで胸が痛んだ。自分がもう関わることのない輝かしい未来から立ち去らなくてはならないことが、おそらく一番つらかった。逆の立場では何度となく経験してきたことだが、この状況に立たされたのは初めてだった。でも私は未来のためのチームを選ぶリードの規律に対して、この上ない敬意をもっていた。

ネットフリックスで過ごした14年間は本当に楽しく、私たちが一緒に成し遂げたこと、とくに文化を築いたことを誇りに思い、満足している。そして今は、ネットフリックスで身につけた考えをほかの企業、とくに多くの独創的で聡明なスタートアップの創業者たちに伝える機会にも、大きなやりがいを感じている。新しいチャレンジへと進んだ多くの元ネットフリックス社員のように、私も自分の学んだ教訓を活かして、ほかのダイナミックな組織が進むべき道を見つける手助けをすることに心をときめかせている。

そしてリードと私はとてもよい別れ方をした。私たちはぶっ飛ぶような痛快な経験をしてきたし、これからもずっと友だちだ。私は今でもネットフリックスの話をすると、つい「私たち」といってしまうし、たぶんそのクセはずっと直らないだろう。この本で示したアドバイスは、私がネットフリックスで経験し実験したことを、そのまま表したものだ。これからもネットフリックスとそこで働く人たちの活躍に注目していきたい。ネットフリックスが数々の賞を受賞し、エンタテインメント業界にしっかり根を下ろしつつあることが、とてつもなくうれしい。ネットフリックスは前進を止めることはないし、私自身もそうありたい。

最近は労働市場における終身雇用の終焉を嘆く報道が相次いでいる。現代の職業世界での配置転換や転職が大きなストレスになり、従業員と家族にとてつもない負担を強いていること、流れについていけずにとり残されている人が多いことは、紛れもない事実だ。多くの有能で勤勉な人たちが、有意義で報われる実り多い仕事を奪われているのは悲劇であり、産業界と政治家はこれを是正する有効な方法を見つけなくてはならない。そして企業や個人が今日の事業環境で熾烈な競争を生き抜くには、柔軟性を保ち、未来に成功するために必要なスキルを培い、経験を身につけることに勝る方法はない。どんな人も自分から積極的に未来に備えなくてはならない。

マネジャーが受け入れがたい真実を繕い、従業員の解雇を最後の瞬間まで引き延ばし、部下を望まない職務や会社に本当は必要でない職務に縛りつけても、誰のためにもならない。こうしたことの結果、本人だけでなくチームまでもが無力化し、やる気をそがれ、心をむしばまれる。従業員は自分の将来性について本当のことを、リアルタイムで知る権利がある。彼らの、そしてチームの成功を確かなものにするには、ありのままを率直に伝え、新しい機会を探す手助けをするのが一番だ。

真実を告げるには練習と勇気がいる。それにあなたの人間力を磨く必要もある。これは完璧にできるようなことではないから、今すぐ始めよう！

まとめ

▼従業員は自分の才能と情熱が、会社のめざす将来に合っているかどうかを見きわめ、ほかの会社の方が自分に合っているのかどうかを判断できなくてはならない。

▼従業員は自分の仕事ぶりに対する評価を頻繁に受ける必要がある。あなたが人事考課制度を廃止できる立場になかったとしても、従業員の業績について話し合うためのミーティングを頻繁に設けよう。

▼人事考課を廃止することが可能であれば、試しにやってみよう！　この制度のせいで膨大な時間が無駄になっているうえ、従業員は業績に関するリアルタイム情報が得られないことが多い。

▼業績改善計画（ＰＩＰ）を、従業員の業績改善を助けるための真摯なとりくみにするか、さもなければ廃止してしまおう。

▼解雇された従業員が会社を相手に訴訟を起こす可能性は、とくに業務上の課題について定期的に話し合いをもっていた場合は、ゼロに近い。

▼従業員エンゲージメントにとらわれるのは的外れだ。やる気の高さと業績の高さの間に必ずしも相関性はない。また今の職務で高い業績を挙げていても、将来の職務で高い業績を挙げられる保証はない。

▼人事決定を下すにあたって、私流のアルゴリズムを使ってほしい。「この従業員が情熱と才能をもっている仕事は、うちの会社が優れた人材を必要とする仕事なのか？」

▼すべてのマネジャーは、優れたチームメンバーが他社でよい機会を見つけられ

るよう、積極的に支援してやれる。解雇はすばらしい結果を生むことがある。

▼人事考課とチームづくりに関して、この柔軟な手法をとれば、当事者全員がよりよい結果を得られるだけでなく、チーム全体の業績向上にもつながることは明らかだ。

考えよう

●偉大なホッケーのコーチは10試合終わるごとに、チームメンバー一人ひとりにパフォーマンスに関する全般的なフィードバックを与えていた。あなたがこれに相当することを自分のチームに対して行うとすれば、何をすればいいだろう?

●フィードバックの間隔を、所定の基準によって決める代わりに、チームの目標の達成期限をもとに決めた方が合理的ではないか? たとえばプロジェクトの進捗に応じて、適宜話し合いの場を設けるなど。

●チームメンバーの仕事ぶりについて、ほかのチームのメンバーからフィードバックを得られないか？

●チームの一人ひとりが、情熱をもち才能を発揮できる仕事、かつチームにとって必要な仕事をしているか？　もししていないなら、社内外にどんな機会があるかをメンバーと話し合えないか？

●他社のマネジャーと、チームメンバーを推薦し合えるようなネットワークを築いているか？

●従業員にとってよい機会になりそうな他社の事業活動や人事の変化を把握しているか？

結論

ネットフリックスの明確に定められた、特徴ある、魅力的な文化に助けられて、私たち人事チームと採用担当マネジャーは、優れた人材を一貫して採用することができた。私のもとで人事担当副社長を務めてくれたジェシカ・ニールは、優れた企業文化とはかくあるべしという哲学を語ってくれた。「文化とは、仕事の進め方に関する戦略よ。従業員がそれを文化と見なし重視するなら、文化はものごとを深く考え、新しいことを試すのを後押ししてくれる」

彼女はいま働いているスタートアップにネットフリックスの文化を導入しようとしていて、その過程で得たすばらしい発見をシェアしてくれた。「一度にやろうとしてはいけない。ほかの業務と同じで、どこから始めるかを決めて、優先順位をつけなくては」。そのことは、「人材管理に製品管理と同じ方法でとりくむ」という私の方針にも重なるところがある。ネットフリックスで私たちはものごとを一歩ずつ進めた。テストをした。まちがいもした。再考してやり直した。私の在籍していた14年の間、ネットフリックスは積極的に文化の形成にとりくんだ。これからもリードたちは手を止めることはないだろう。

コンサルティングをしていて一番うれしいのは、総勢20人のスタートアップから、非営利財団、最も古く最も権威ある広告代理店に至るまで、多くの組織のリーダーが新しい仕事のやり方を貪欲に学ぼうとしている姿勢に触れられることだ。

先日ジェイ・ウォルター・トンプソンの経営陣の前で講演した。創業150年以上の歴史をもつこの会社は、コカ・コーラのために制作した先鋭的なテレビCMで広告賞を受賞したところだった。10代の少女がキッチンの窓から庭を眺め、自宅のプールを掃除している若い男性をうっとり見つめていると、彼女のゲイの兄も2階の寝室の窓から同じ男性を見て心を奪われる。兄妹は男性に冷えたコーラ缶を先に渡そうとして競い合うが、やっと男性にたどり着いたときには、二人の母親に先を越されていた、というシナリオだ。あとから知ったのだが、これを制作したのは同社のアルゼンチンのチームだった。この血気盛んな少人数のチームは、貪欲で機動性に富み、創造性の限界を押し広げようとしている。

私に講演の話をくれたCEOのタマラ・イングラは、制作での冒険をつねに促すような組織でありたいと願っていた。話を終えた私に彼女がかけてくれた言葉を聞いて、文化形成で自分が経験してきたことを分かち合いたいという気もちが報われた気がした。「あなたが成し遂げたことを話してくれたおかげで、どうすればやり方を変えていけるかがわかってきた」

このプロセスはどんどん進化している。また自然界の進化と同様、導入した変化のなかには環境に合わず、やり直さなくてはならないものもあるだろう。変化を不快に感じ、反発する人や、離れていく人もいるだろう。ネットフリックスでよい成果を挙げた手法のなかには、あなたの企業に効果がないものや、すぐに効果が上がらないものもあるだろう。創業者やCEOが会社にベストな方法で変化を導入し、独自の自由と責任の文化を形成できるよう、私はいつも手を貸している。

重要なのは、段階的に実験を行うこと、そしてバリエーションを許容することだ。同じ手法でも、チームリーダーによってとり入れ方がちがうかもしれない。またチームやときには部全体が、独自の文化を維持しながら、共通の基本原則を導入することもできる。ジェシカがいってくれた言葉で、私のもう一つのお気に入りは、ネットフリックス文化が

「社内全体に生きている」というものだ。エンジニアリングの文化は、マーケティングやロサンゼルスのコンテンツクリエーターの文化とはちがうが、つきつめてみれば全員が同じ基本原則をもとに団結しているのだ。

私が強く勧めたいのは、「人事責任者担当者をビジネスパートナーにする」ということだ。事業構築にともにとりくむパートナーになってほしいと、人事担当者にそう伝えよう。人事担当者をビジネスパーソンとして扱えば、彼らがスタッフミーティングに参加したり、面接やフィードバックについて採用担当マネジャーにコーチングを行ったりしても、経営陣は違和感を覚えないだろう。チームリーダーは、人事担当者が従業員の問題行動をとがめるためにその場にいるとは思わなくなり、彼らに意見を求めるようになる。人事担当者に事業のしくみをしっかり理解させよう。収益の3本柱をいえるだろうか？　4大競合企業を把握しているか？　市場を破壊しつつある技術を知っているか？　知らなければ教えよう。知りたくないといわれたら、担当を替えよう。

文化変容を成功させるもう一つのカギは、この先どんな挑戦や変化が待ち受けるのかを正直に伝えることだ。ある全社会議でリードが質問に答えていたとき、誰かが立ち上がっていった。「恐怖の文化にどう対処するかをそろそろ考えるべきだと思う」。これはドットコムブーム後の大不況のときのことで、従業員は解雇を恐れ、私たち経営陣もそれが現実に起こり得ることをはっきり伝えていた。立ち上がった男性は、その日早くに行ったプレゼンテーションで、ネットフリックスはプロダクトに小さな変更を加えるのではなく、大きな山を登るのだと主張した。リードはこの比喩に乗っかって、恐怖も捨てたもんじゃないかもしれないな、といった。K2のような巨大な山に挑むときは、酸素をもっていく必要さえある。だが登山中に嵐が来てベースキャンプに戻ったとしても、失敗者とは呼ばれない。私はこのたとえ話が気に入った。私たちが挫折の避けられない大きな挑戦に立ち向かっていることを、そしてすばらしい冒険をしていることを見事に表していたからだ。

自由と責任の文化をつくることによって確実に得られるものを一つ挙げるなら、前に踏み出そうとする人たちに勇気をもらえることだ。自分には力があり、自分のキャリアを自分でコントロールしていると感じれば、自信が湧いてくる。彼らが思い切って発言し、リスクをとり、失敗から立ち直り、大きな責任を引き受ける自信にあふれる様子に、あなたも驚かされるはずだ。組織の全員が自分の力を自覚したら、いったいどうなるか想像してほしい。誰もがよりよい判断をし、すばやく行動できるだろう。思いもしなかったアイデアが飛び出すだろう。また全員がお互いにより正直でオープンになったらどんなによい組織になるだろう。

従業員が力をもっていることを忘れてはいけない。あなたの仕事は、彼らに力を与えることではない。彼らの力を認め、時代遅れの方針、手続き、制度を廃止して、力を解放することだ。それさえ行えば、彼らはパワフルになる。

謝辞

シリコンギルドが従来型の出版に代わる革新的な方法を考案しなければ、この本が世に出ることはなかった。ピーター・シムズは、「君には伝えるべきことがある」と私を説得してくれたうえ、最初の数章の構成を手伝い、その間ずっと私を励まし、エミリー・ルースにも紹介してくれた。

私にとって編集者というだけではくくれない存在のエミリーは、私の言葉と物語を、伝えたいメッセージに変えるのを助けてくれた。あなたがいなければこの本を書けたはずがない。

発行人のピョートル・ユシュケヴィッチへ。あなたの変わらぬ励ましとお小言、誠実さ、友情のおかげで、この本は完成した。

原稿を整理してくれたヒラリー・ロバーツと、私にきちんとした暮らしを維持させてくれたロレーン・ペレスにも感謝したい。

多くの人が多忙のなか、貴重な時間を割いて初期の原稿を読み、批評してくれた。とくに貴重な意見とアイデアをくれたトム・ラスに、またデイビッド・マーティン、テッド・スワン、ラリー・ドルゴシュ、オリ・ブラフマン、ローラ・ミオン、リーアン・マロリー、マリア・ド・グズマン、チャールズ・ディムラー、ガブリエル・トレダノ、ネイサン・ボグト、エリック・ケットゥーネン、キース・アースノールト、フランク・フリッシュ、アイリーン・ガルシア、ジェシカ・クラコスキー、マシュー・ローズボー、バーバラ・ヘンリックス、ヨンウェイ・ヤン、デニス・ドーフルに大きな感謝を捧げたい。

リード・ヘイスティングスは、数十年にわたる仕事上の関係を通して、つねに「なぜ」という疑問をもち、イノベータのように考えることを教えてくれた。ネットフリックスは史上最強の実験室だった。過去と現在のすべてのネットフリックス従業員に、いつも企業文化と協力関係を大切にしてくれて、また物語をシェアさせてくれてありがとうといいたい。

私の母と妹はパワフルな女性のお手本だ。子どもたちのトリスタン、フラニー、ローズ、私はあなたたちのために、働き方の未来を変えようと思い立った。

最後に、私を信じてくれたマイケル・チェンバレンに感謝したい。

訳者あとがき

全世界で1億2500万人超の会員を擁し、北米のピーク時インターネット通信量の約3分の1を占める超人気動画配信サービス、ネットフリックス。同社の真のすごさは、成長のスピードと持続性もさることながら、その方法にある。今でこそ忘れられがちだが、ネットフリックスは1997年、DVD郵送レンタル会社として始まった。1999年に重要な収益源だった延滞料金を廃止し、定額制に移行してからは破竹の勢いで成長し、レンタルビデオ世界最大手のブロックバスターを破綻に追い込んだ。そして2007年には視聴者にとって便利だという単純な理由で、成功したビジネスモデルを再びかなぐり捨て、ストリーミング配信サービス会社に鮮やかに変身を遂げる。新しい破壊的技術をいち早くとり入れ、いわばみずからを駆逐するかたちで成長を続けているのだ。その後もビッグデータを活用した強力なレコメンド機能やクラウドへの移行によって会員数を飛躍的に伸ばし、2011年にはオリジナル作品の制作に着手する。初めての作品『ハウス・オブ・カード　野望の階段』（2013年）は大人気を博し、また1シーズン全話を一度に公開したことから、イッキ見という社会現象を巻き起こした。最近では映画製作にも力を入れ、映画業界にも脅威をもたらしている。

このように、過去の成功体験にとらわれて新たなイノベーションを起こせない「イノベーションのジレンマ」をくり返し克服している、シリコンバレーでも希有《けう》な存在、それがネットフリックスなのだ。そのカギを握る、同社の人材管理方法に注目が集まるのも無理はない。いったいどうやって変化に、それも従来の成功方程式を全否定するほどの激変に即応できる人材をそろえているのか？

2009年、ネットフリックスは同社の人事方針を説明した「カルチャーデック」と呼ばれる社内のスライド資料を一般公開する。CEOリード・ヘイスティングスによれば、このスライドは駆け出しの起業家に向けた、ネットフリックスからの「若き詩人への手紙」のようなもので、彼らが創業当初から学んできたことを参考になればと、公開したものだという（『DIAMONDハーバード・ビジネス・レビュー』二〇一四年六月号）。画像も動画も含まない、文字だけの127枚にもおよぶスライドだが、フェイスブックのC

ＯＯシェリル・サンドバーグが、「シリコンバレーで書かれたなかで最も重要な文書」と称賛したこともあって、ネットで爆発的に拡散し、シリコンバレーの文化に多大な影響を与えている。

無制限休暇、トップレベルの報酬、人事考課の廃止、高業績の追求、ほどほどの業績の人には解雇手当をはずんでやめてもらう、といった点がセンセーショナルに報じられることも多いカルチャーデックだが、基本方針はごくまっとうで、従業員が一人前の大人として最大限の自由を享受するとともに、それに伴う責任を果たすことの大切さが一貫して語られている。われわれはこのようなビジョンと価値観をもつ企業である、そうした環境を歓迎し「われこそは」と思う人材よ来たれという、ネットフリックスからの挑戦的なマニフェストなのだ。

前置きが長くなったが、このカルチャーデックをヘイスティングスとともに書き上げた人物が、創業時から14年間同社のＣＴＯ（最高人事責任者）を務めた本書の著者、パティ・マッコード氏だ。２０１２年にネットフリックスをやめ、人事コンサルタントに転身してから、彼女のもとにはカルチャーデックに関する質問が殺到し続けているという。ネットフリックスのような人事方針を導入するには具体的にどうすればいいのか、人事考課を廃止して代わりに何をすればいいのか、わが社もカルチャーコードをつくる方法を知りたい、等々。

それに答えるために書かれたのが、本書である。

この革新的な文化が生まれるきっかけは偶然だった。ドットコムバブルの崩壊のあおりをくらい経営危機に陥ったとき、とくに有能な人材だけを残して3分の1もの従業員をやむなく解雇せざるを得なくなったが、かえって効率性が高まり優れた仕事ができたという。この強烈な体験をベースに、真に優秀な人材がその力をいかんなく発揮できる環境をつくろうと、一から人事施策や方針を見直し、実験と検証を繰り返した結果が、ネットフリックス文化なのである。

理路整然と書かれたカルチャーデックとはうってかわって、ここに描かれているのはスタートアップならではの興奮と混乱、そしてきれいごとではすまない生々しい内実である。ネットフリックスの人事を握る重要な一面である解雇に関しても、かなりの紙面を割いて説明されている。現にマッコード氏自身も、自分たちが定めた方針に則ってネットフリックスを解雇され、それは身を切られるようなつらい経験だったと正直に語っている。

本書はスタートアップや成長段階の企業、イノベーションを図ろうとする大企業にとって必読である。また自分は何を求めて仕事をするのか、自分にどんな市場価値があり、組織にどんな貢献ができるのか——そうしたことを、ビジネスマインドをもって冷徹に考え続けなくてはならないことを、本書は思い出させてくれる。

最後に、この本を訳す機会を与えてくださり、またちょうど10年前にノンフィクション翻訳の道を訳者に開いてくださった、光文社翻訳編集部の小都一郎様に、この場をお借りして感謝申し上げたい。

櫻井祐子

原　註

1　American Express, "Good Service Is Good Business: American Consumers Willing to Spend More with Companies That Get Service Right, According to American Express Survey," news release, May 3, 2011, http://about.americanexpress.com/news/pr/2011/csbar.aspx.

2　NewVoiceMedia, "The $62 Billion Customer Service Scared Away," NewVoiceMedia.com, May 24, 2016, www.newvoicemedia.com/en-us/news/the-62-billion-customer-service-scared-away.

3　Better Business Bureau, "Negative Reviews: A Golden Opportunity for Business," September 14, 2014, www.bbb.org/phoenix/news-events/business-tips/2014/09/negative-reviews-a-golden-opportunity-for-business/.

4　Mark J. Cotteleer and Timothy Murphy, "Ignoring Bad News: How Behavioral Factors Influence Us to Sugarcoat or Avoid Negative Messages"（white paper, Deloitte University Press, 2015）, https://dupress.deloitte.com/content/dam/dup-us-en/articles/business-communications-strategies/DUP_1214_IgnoringBadNews.pdf , page 10.

5　Halley Bock, "Why Honesty Is the Secret Ingredient of Successful Organizations," Conference-Board.org, June 14, 2013, www.conference-board.org/blog/post.cfm?post=1897.

6　Michael Mankins, "The Best Companies Don't Have More Stars—They Cluster Them Together," *Harvard Business Review*, February 3, 2017, https://hbr.org/2017/02/the-best-companies-dont-have-more-stars-they-cluster-them-together.

NETFLIX《ネットフリックス》の最強人事戦略《さいきょうじんじせんりゃく》

自由《じゆう》と責任《せきにん》の文化《ぶんか》を築《きず》く

2018年 8月30日　初版1刷発行
2020年 7月15日　　　6刷発行

著者 ―――― パティ・マッコード
訳者 ―――― 櫻井祐子《さくらいゆうこ》
カバーデザイン ―――― 華本達哉（aozora）
発行者 ―――― 田邉浩司
組版 ―――― 新藤慶昌堂
印刷所 ―――― 新藤慶昌堂
製本所 ―――― 国宝社
発行所 ―――― 株式会社光文社
〒112-8011　東京都文京区音羽1-16-6
電話 ―――― 翻訳編集部 03-5395-8162
書籍販売部 03-5395-8116
業務部 03-5395-8125

落丁本・乱丁本は業務部へご連絡くだされば、お取り替えいたします。

ISBN978-4-334-96221-0 Printed in Japan

■好評既刊

イアン・レズリー 著　須川綾子 訳

あなたの人生を創る「好奇心」の驚くべき力

子どもは40000回質問する

四六判・ソフトカバー

あなたの人生を創る
「好奇心」の驚くべき力

子どもは
CURIOUS
40000回
The Desire to Know and Why Your Future Depends on It
質問する

イアン・レズリー
須川綾子［訳］

好奇心格差が
経済格差を
生む！

目からウロコの
情報も満載！

- 天才ダヴィンチのToDoリストとは？
- 大学教授を受けない代償は大きい
- 高所得層の子は低所得層の子より多く質問する
- 多く質問する子は、親から多く質問されている
- 苦労して得た知識が少ないと創造性は失速する
- 好奇心は加齢による認知機能低下に抵抗する

好奇心と知識と富の新連性
以上と驚きの「必ず知りたい」心の
秘密に迫った快著

光文社

「好奇心格差」が「経済格差」を生む！

「知ることへの意欲＝好奇心」は成功や健康に大きな影響を及ぼす。その好奇心を突き動かしつづけるのは実は「知識」であり、知識を得るには「労力」が必要だ。いっぽう、幼少期の環境に由来する「好奇心格差」は、深刻な経済格差に発展している。はたして、いま私たちが自分のために、そして子どもたちのためにできることとは？　人間に好奇心が必要な理由を、多彩な例を引きつつ解明する好著。

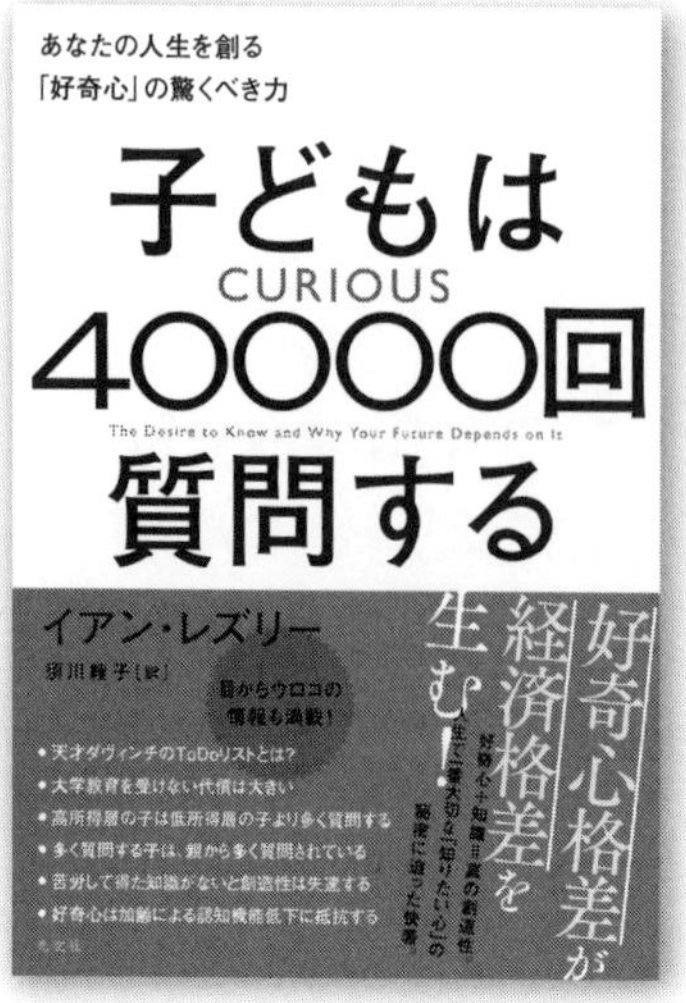